500

délices
au chocolat

500

délices

au chocolat

Lauren Floodgate

LES ÉDITIONS
PUBLISTAR
Une compagnie de Quebecor Media

Direction éditoriale : Marianne Canty
Direction artistique : Dean Martin
Maquette : Graham Saville
Iconographie : Ian Garlick
Consultant spécialisé : Wendy Sweetser
Suivi éditorial : Piers Spence

Première édition en 2007 par New Burlington Books,
6 Blundell Street, Londres N7 9BH
Sous le titre *500 chocolate delights*

© Quintet Publishing Limited, 2007.
© Éditions Minerva, 2008.
© Éditions Publistar pour l'édition en langue française au Canada, 2008.

Adaptation et réalisation de l'édition en langue française : Agence
Media
Traduction : Hanna Agostini

Les Éditions Publistar
Groupe Librex inc.
Une compagnie de Quebecor Media
La Tourelle
1055, boul. René-Lévesque Est
Bureau 800
Montréal (Québec) H2L 4S5
Tél. : 514 849-5259
Téléc. : 514 849-1388

Dépôt légal – Bibliothèque et Archives nationales du Québec
et Bibliothèque et Archives Canada, 2008

ISBN : 978-2-89562-233-8

Imprimé en Chine.

Sommaire

Introduction

Certains l'apprécient en boisson chaude, d'autres le croquent en tablettes, d'autres encore le préfèrent en dessert glacé. Vous en avez parfois très envie, vous y êtes complètement accro, et il n'a pas son pareil pour vous remonter le moral. Mais quel est cet aliment divin ? Le chocolat, bien sûr !

La gamme de chocolats offerts actuellement sur le marché est impressionnante, les saveurs et les textures se mêlent sans limites. Les trois principales variétés de chocolat sont le chocolat noir, le chocolat au lait et le chocolat blanc, auxquelles s'ajoutent le chocolat amer, le chocolat sans sucre, le cacao en poudre et les chocolats aromatisés, fourrés ou agrémentés d'ingrédients inattendus (piment, coquelicot, etc.). Dans les recettes de ce livre, le chocolat est cassé en morceaux, fondu, râpé, concassé ; il sert de base au glaçage, au nappage et à la décoration de gâteaux ou biscuits et à la préparation de truffes ou boissons.

Au fil des pages, vous trouverez tout type de recettes à base de chocolat, traditionnelles ou originales, toutes simples ou plus difficiles, toujours réconfortantes et agrémentées de variantes pour décliner les goûts à l'infini. Certains gâteaux sont servis glacés ou fourrés ; d'autres, comme le Sachertorte (p. 153), sont nappés d'une couche légère et brillante de glaçage au chocolat. Pour d'autres encore, comme la forêt-noire (p. 150-151), vous devrez déployer tout votre talent culinaire pour décorer cette spécialité allemande : armez-vous de votre poche à douille et donnez libre cours à votre sens artistique, pour un résultat qui fera sensation auprès de vos invités. D'autres recettes ne nécessitent pas de cuisson, comme les pavés aux fruits (p. 116), que l'on réserve au réfrigérateur. Pour satisfaire vos envies de desserts copieux, essayez la mousse aux deux chocolats (p. 218). Enfin, pour un dessert en famille, laissez-vous tenter par le pudding choco-caramel (p. 198), à déguster chaud ou froid.

Chaque chapitre est consacré à une catégorie de desserts au chocolat : cookies, muffins, cheesecakes, mousses, crèmes glacées, petits fours ou encore gâteaux de fête. Quel que soit votre choix, ils deviendront vite les premiers invités de vos goûters, dîners ou fêtes.

L'histoire du chocolat

Les civilisations précolombiennes, maya puis aztèque, cultivaient le cacaoyer et en broyaient les fèves pour préparer une boisson, nommée *tchocolatl*. En 1502, Christophe Colomb, le premier, goûte à ce breuvage, mais, le trouvant trop amer et épicé, ne prête aucun intérêt aux fèves. En 1519, le conquistador Hernán Cortés est accueilli par l'empereur aztèque Moctezuma, qui, croyant qu'il est le dieu Quetzalcóatl lui-même, lui offre une plantation de cacayoers. L'Espagnol saisit très vite l'importance des fèves de cacao, également monnaie d'échange.

Cortés rapporte, en 1527, des fèves de cacao et des ustensiles à la cour d'Espagne et les offre à Charles Quint. Privilège des aristocrates et du clergé — il est préparé dans les monastères —, le chocolat, alors un mets de luxe très cher, fait de Madrid le point de départ de sa conquête de toute l'Europe. L'engouement s'étend en premier lieu dans les anciennes colonies espagnoles, les Flandres et les Pays-Bas, puis en Italie, au début du XVIIe siècle. Neuf ans plus tard, en 1615, la France succombe à la tentation quand, dans ses bagages, la jeune épouse espagnole de Louis XIII, Anne d'Autriche, ramène son adoration pour la boisson au chocolat. Le chocolat est alors considéré comme un remède stimulant.

Au XVIIIe siècle, le chocolat se transforme de boisson médicale en pure gourmandise, abandonnant son goût amer et épicé pour une saveur plus agréable, sucrée et vanillée. La fabrication, qui use tout d'abord des techniques mexicaines du broyage à la pierre chauffée, s'industrialise progressivement. Le chocolat devient accessible à tous dans les années 1820.

En 1815, le chimiste néerlandais Coenraad Van Houten crée une première usine. Il est suivi par les futurs grands noms de l'industrie chocolatière suisse (Suchard, Lindt ou encore Tobler), anglaise (Cadbury) ou française (Poulain, Menier), au cours du XIXe siècle. En 1828, Van Houten invente le chocolat en poudre, grâce à un procédé qui sépare le cacao maigre du beurre de cacao. Le chocolat, à la consistance moins riche, se dissout facilement. En 1847, la compagnie anglaise Fry and Sons commercialise le chocolat en tablette. En 1875, à Vevey (Suisse), Daniel Peter, ami de Henri Nestlé, met au point le chocolat au lait.

La fabrication du chocolat

Fabriquer du chocolat est un art qui exige beaucoup de patience et de connaissances techniques. Si les fabricants ont chacun leurs secrets de fabrication, ils suivent tous une même chaîne de transformation, des fèves de cacao au chocolat.

Nettoyage et torréfaction
La première étape consiste à retirer les impuretés à l'aide de tamis, de brosses et de courants d'air. D'abord pesées, les fèves sont ensuite torréfiées (grillées) entre 250 et 270 °F (120 et 130 °C) de 10 à 35 minutes. Ce procédé leur donne leur couleur intense et développe leur arôme.

Concassage et broyage–affinage
Une fois refroidies, les fèves sont concassées dans des broyeurs, qui séparent la coque de la graine, pour donner ce qu'on appelle le grué. Celui-ci doit contenir plus de 50 % de matières grasses. L'étape suivante consiste à broyer une nouvelle fois le grué pour extraire la pâte de cacao, dite aussi liqueur. À partir de cette liqueur, on obtient par pressage d'un côté le beurre de cacao, de l'autre des tourteaux de cacao, qui sont ensuite concassés, broyés puis réduits en poudre fine — le cacao en poudre.

Conchage
Le conchage permet d'affiner davantage la pâte de cacao, mais aussi de parfaire son arôme, de réduire l'humidité qu'elle contient et d'augmenter son homogénéité et son onctuosité. À ce stade, d'autres ingrédients peuvent être ajoutés.

Tempérage et moulage
Le tempérage consiste à laisser refroidir la pâte puis à la réchauffer, jusqu'à 95 °F (35 °C). Ce procédé permet la stabilisation des cristaux du beurre de cacao et accroît leur uniformité. Un chocolat bien tempéré doit être brillant, fondant et très cassant.

Les variétés de chocolat

Les principales variétés de chocolat sont le chocolat noir, le chocolat au lait, le chocolat blanc, le chocolat sans sucre et le cacao en poudre. Ceux-ci sont produits soit à partir de cacao noble (de qualité supérieure, aromatique et cher), soit de cacao dit de consommation courante (produit en masse et bon marché). La composition de la préparation, l'origine des fèves, la torréfaction et le processus de fabrication influent sur le goût et la texture du produit final.

Le chocolat noir : ce chocolat doit contenir au moins 50 % de matière sèche de cacao. S'il est amer, sa teneur en cacao s'élève à 60 %. Si celle-ci dépasse ce pourcentage, le chocolat est dit extra-amer. Le chocolat de couverture amer, moins gras, est le plus utilisé en pâtisserie.

Le chocolat au lait : ce chocolat doit contenir au moins 25 % de matière sèche de cacao, du sucre (55 % au maximum) et du lait en poudre.

Le chocolat blanc : composé de beurre de cacao, de sucre, de lait, d'émulsifiant, de vanille et parfois d'autres aromates, il a une consistance douce et crémeuse. Comme il ne contient pas d'autre constituant des fèves que le beurre de cacao, les puristes ne le considèrent pas comme un vrai chocolat. Dans certains pays européens, il ne peut être appelé « chocolat ».

Le chocolat sans sucre : cette variété de chocolat intense et amère contient 100 % de cacao. On l'utilise essentiellement en cuisine.

Le cacao en poudre : les tourteaux de cacao qui restent après extraction du beurre de cacao contenu dans la pâte de cacao (ou liqueur) sont broyés en poudre fine, très soluble, au goût amer. Mais avant cela, ils ont subi un traitement qui rend le cacao soluble : c'est ce qu'on appelle l'alcanisation ou *dutching* (procédé hollandais). Son goût est ainsi plus délicat. On l'utilise souvent en cuisine car il n'interagit pas avec le bicarbonate de soude.

Les chocolats aromatisés

Vous pouvez acheter des tablettes de chocolat aromatisé dans certaines grandes surfaces, les boutiques spécialisées ou sur Internet. Si vous ne parvenez pas à trouver le produit recherché, faites-le vous-même. Les recettes ci-dessous permettent d'obtenir 55 g (2 oz) de chocolat. Pour de plus grandes quantités, multipliez les ingrédients proportionnellement. Reportez-vous aux recettes concernées pour connaître la variété de chocolat dont vous avez besoin.

Chocolat à l'orange : faites fondre 55 g (2 oz) de chocolat au bain-marie. Ajoutez quelques gouttes d'arôme d'orange et le zeste de 1 orange. Mélangez jusqu'à homogénéité.

Chocolat à la menthe : faites fondre 55 g (2 oz) de chocolat au bain-marie. Ajoutez quelques gouttes d'arôme de menthe. Mélangez jusqu'à homogénéité.

Chocolat au café : faites fondre 55 g (2 oz) de chocolat au bain-marie. Ajoutez 1 c. à s. de café instantané. Mélangez jusqu'à homogénéité.

Les produits équivalents, sans gluten et sans lait

Il n'est pas toujours aisé de se procurer du chocolat sans produits laitiers, la plupart des chocolats noirs en ayant dans leur composition. Repérez les produits kasher, sans caséine (mention « pareve »). Internet est également une source d'informations précieuse. Les produits sans lait contiennent du lait de soja ou de riz. Les laits de noix (amande ou noisette) peuvent être utilisés, bien qu'ils aient un goût plus prononcé. La margarine, sans lait, se prête bien à la préparation de desserts.

En général, les farines sans gluten (avec ou sans levure incorporée) peuvent remplacer la farine de blé. Il existe plusieurs types de farines sans gluten : la farine de riz, de quinoa, de châtaigne, de sarrasin ou de maïs. Quand vous ajoutez de la farine sans gluten aux ingrédients humides, veillez à mélanger très délicatement afin d'éviter que le dioxyde de carbone et l'oxygène contenus dans la préparation ne se heurtent. Choisissez de la poudre à lever sans gluten issue de la farine de riz, et du cacao en poudre sans gluten qui ne contient pas d'additif. Vous trouverez les produits sans gluten dans des boutiques de produits diététiques et d'origine biologique, ainsi que sur Internet.

Glossaire

Babeurre : sorte de petit lait résiduel obtenu lors de la fabrication du beurre, contenant peu ou pas de graisses. On y ajoute une culture bactérienne pour l'épaissir et lui donner un goût acide.

Bombe glacée : dessert glacé composé de plusieurs couches et préparé dans un moule ou un saladier.

Caillage : lorsqu'une crème aux œufs est cuite à une température trop élevée, elle prend un aspect caillé. Pour récupérer une sauce qui a caillé, battez-la hors du feu jusqu'à obtention d'un mélange lisse et réchauffez-la à feu doux.

Chocolat de couverture : ce chocolat, qui contient un pourcentage élevé de beurre de cacao (32 % minimum), a une texture brillante et un goût raffiné. Il est utilisé par les chefs pâtissiers et doit être tempéré avant utilisation.

Crème anglaise : crème sucrée à base de lait et d'œufs, utilisée en sauce pour accompagner certains desserts.

Crème au beurre : crème obtenue en mélangeant du beurre et du sucre à glacer jusqu'à consistance légère et mousseuse. On peut l'étaler, la lisser ou la déposer en petits choux à l'aide d'une poche à douille.

Crème Chantilly : crème fouettée à froid, légère et légèrement sucrée.

Crème pâtissière : crème à base de lait et d'œufs, épaissie avec de la farine, utilisée en garniture de tarte, par exemple.

Cuisson à blanc : les fonds de tarte sont souvent précuits sans la garniture. Pour ce faire, piquez le fond de tarte avec une fourchette et tapissez la pâte de papier sulfurisé. Remplissez le fond de tarte avec des poids ou, à défaut, des légumes secs (haricots blancs, lentilles ou riz) et cuisez comme indiqué dans la recette. Quand la pâte forme une croûte dure, ôtez les poids et le papier sulfurisé, puis continuez la préparation selon la recette.

Fondant blanc (ou pâte à sucre) : pâte solide utilisée pour la décoration des gâteaux, que l'on peut colorer et modeler.

Ganache : préparation épaisse et crémeuse à base de crème et de chocolat, que l'on peut aromatiser de différentes façons. Elle sert à décorer et à garnir les gâteaux.

Glaçage au sucre : glaçage facile à utiliser et au séchage rapide, pour la décoration.

Golden syrup : sucre simple (appelé aussi glucose liquide), à la texture épaisse et sirupeuse, qui devient liquide en chauffant.

Moule à fond amovible : moule à gâteau ou à tarte dont le fond se détache quand vous desserrez le système de fermeture situé sur l'un des côtés.

Moule à tarte rectangulaire : moule long et étroit, aux bords cannelés ou droits, dont le fond peut être amovible.

Papier sulfurisé : enduit sur les deux faces de silicone, ce qui rend sa surface antiadhésive, ce type de papier de cuisson est idéal pour tapisser les moules et les plaques. Il évite en effet d'utiliser du beurre pour graisser et facilite le démoulage.

Pâte à choux : pâte sucrée ou salée cuite deux fois, que l'on met en forme à l'aide d'une cuillère ou d'une poche à douille.

Pâte à tarte : quand vous préparez une pâte à tarte, il est essentiel de la manipuler délicatement et de la garder au réfrigérateur. Veillez à bien fariner votre plan de travail et votre rouleau avant de la travailler : vous éviterez ainsi de trop étirer la pâte, qu'elle se rétracte à la cuisson ou encore qu'elle se ramolisse une fois garnie.

Pâte filo : pâte se présentant sous forme de feuilles très fines. Très difficiles à réaliser soi-même, on l'achète très souvent prête à l'emploi.

Poids : billes en métal ou en céramique utilisées pour cuire à blanc les fonds de tarte. Placés sur le fond de tarte recouvert de papier sulfurisé, ils empêchent la pâte de se déformer pendant la cuisson. On peut les remplacer par des légumes secs.

Pralin : mélange de caramel et de noisettes, dans les mêmes proportions. Le sucre est cuit pour former un caramel, et on y ajoute les noisettes. Refroidi, le pralin peut être concassé.

Tempérage : technique utilisée pour décomposer le beurre de cacao lorsque le chocolat en contient en grande quantité. Il s'agit de faire fondre le chocolat, de le refroidir puis de le réchauffer. Ce procédé permet de rendre le chocolat plus brillant, d'en éliminer les stries et d'en accroître la solidité lors de la fixation.

Thermomètre à sucre : thermomètre spécial qui résiste aux très hautes températures que peut atteindre le sucre en ébullition.

Les ustensiles

Quelques ustensiles de base suffisent pour réaliser les recettes de ce livre. Mais ils sont indispensables.

Balances et verres doseurs

La cuisine étant une science exacte, les appareils de mesure sont indispensables au succès d'une préparation. La précision est donc de mise en matière de proportions. Utilisez toujours des verres doseurs, notamment pour la farine.

Emporte-pièce

Pas toujours évident de découper la pâte à cookies avec un couteau, même bien aiguisé. Facilitez-vous la tâche en faisant l'acquisition d'emporte-pièce. Il en existe de toutes les formes et dimensions. Pensez à vous en servir pour découper des décorations en chocolat.

Grilles métalliques

Elles permettent, après la cuisson, de laisser refroidir gâteaux et tartes.

Jattes et fouets électriques

Un pâtissier doit avoir à sa disposition toute une gamme de jattes. Il en faut une de bonne contenance pour la confection des pâtes et d'autres plus petites pour, par exemple, faire dégorger les garnitures aux fruits. Les bols seront utilisés pour faire fondre le beurre et le chocolat, pour séparer les blancs des jaunes d'œuf et pour mélanger des petites quantités d'ingrédients. Les fouets électriques sont recommandés pour monter les œufs en neige ou la crème liquide en chantilly, ou encore pour préparer des glaçages. Ils représentent un gain de temps précieux. Les modèles fixes présentent l'avantage de vous permettre d'avancer d'autres tâches pendant qu'ils travaillent. Vous en trouverez à des prix très abordables.

Minuteurs

Il est conseillé d'utiliser un minuteur à affichage digital, bien plus précis.

Moules

Utilisez des moules à alvéoles pour réaliser muffins et cupcakes. Tapissez-les de caissettes en papier ou beurrez-les avant de les remplir de pâte. Ramequins et tasses à expresso peuvent également servir à la préparation de desserts individuels, comme les mousses.

Poches à douille

Offertes avec des embouts de tailles et de formes variées, les poches à douille permettent de modeler une meringue, de décorer gâteaux et biscuits de glaçage au chocolat ou de crème fouettée. Vous pouvez confectionner une poche à l'aide de papier sulfurisé.

Rouleaux à pâtisserie et plans de travail

Le rouleau est indispensable pour étaler la pâte. À défaut, vous pouvez toujours vous rabattre sur une bouteille de vin vide. Les billots en marbre offrent les surfaces les plus lisses, mais une planche de travail en bois bien nettoyée fera tout autant l'affaire.

Spatules

Pratiques pour décoller les cookies de la plaque de cuisson et les transférer sur une grille, les spatules permettent également de lisser les garnitures et d'étaler les nappages.

Tamis

Cet ustensile est indispensable pour tamiser les matières sèches, comme la farine. Utilisez un chinois pour saupoudrer les desserts de cacao en poudre ou de sucre à glacer.

Décorations en chocolat

Le chocolat peut être modelé, coloré et manipulé en tous sens, pour apporter une touche esthétique aux gâteaux et biscuits. Préférez pour la décoration de vos desserts le chocolat de couverture (p. 11), plus facile à travailler.

Copeaux de chocolat : utilisez une râpe à crudités, en plaçant le côté où les trous sont le plus larges vers vous. Veillez à ce que l'ustensile soit bien sec et procédez assez rapidement pour éviter que le chocolat ne fonde (placez au préalable le chocolat au réfrigérateur). L'idéal est de râper directement au-dessus du gâteau pour répartir les copeaux uniformément.

Feuilles en chocolat : choisissez des feuilles vigoureuses (rose, hêtre, laurier, vigne) fraîchement cueillies. Évitez les feuilles recouvertes d'un duvet, inutilisables. Nettoyez-les, puis plongez-les dans le chocolat fondu, si elles sont lisses, ou enduisez-les au pinceau, si elles ont une surface irrégulière (du cœur de la feuille vers l'extérieur). Ne mettez pas de chocolat sur le dos de la feuille. Placez au réfrigérateur et décollez en tirant la queue.

Formes en chocolat (1) : étalez une fine couche de chocolat fondu sur une feuille de papier sulfurisé (ou en plastique rigide, pour un résultat brillant) à l'aide d'une spatule. Laissez refroidir, mais n'attendez pas que le chocolat se solidifie complètement. Dessinez des motifs et/ou découpez des formes à l'aide d'un emporte-pièce ou d'un couteau préchauffé.

Formes en chocolat (2) : faites fondre le chocolat de votre choix et étalez-le sur une plaque antiadhésive. Avant que le chocolat ne se fige, saupoudrez-le de sucre à glacer et/ou de cacao en poudre ou encore de pralin (p. 13). Quand le chocolat est juste fixé, découpez des formes à l'aide d'un couteau sans dents et bien aiguisé. Laissez-les refroidir complètement avant d'utiliser les motifs.

Formes en chocolat, avec une poche à douille : dessinez les formes de votre choix sur un papier et recouvrez-les d'une feuille de papier sulfurisé. À l'aide d'une poche munie d'une douille fine, tracez le contour au chocolat fondu. Garnissez l'intérieur avec le reste de chocolat (ou avec une autre variété, pour un résultat bicolore) et répartissez bien. Laissez le chocolat se solidifier avant de décoller délicatement le papier.

Anneaux et gouttes en chocolat : vous trouverez dans le commerce des bandes en plastique transparent vous permettant de réaliser des anneaux ou des gouttes en chocolat. Étalez à l'aide d'une spatule le chocolat bien fluide sur les bandes posées sur une feuille de papier sulfurisé. Avant durcissement, soulevez les bandes et donnez-leur la forme d'une goutte, en appuyant fortement sur les extrémités. Prodécez de la même façon pour les anneaux. Délimitez la circonférence de l'anneau en plaçant une bande perpendiculairement aux autres ; retirez celle-ci quand le chocolat commence à se solidifier. Soulevez les autres bandes et formez aussitôt un anneau (faites chevaucher les bords) : la bande de plastique doit être à l'extérieur. Maintenez avec un élastique et placez au réfrigérateur. Quand le chocolat est complètement refroidi, retirez la bande délicatement.

Des chocolats pour offrir

La plupart des recettes de ce livre représentent de parfaits cadeaux, notamment s'ils sont présentés dans un panier ou dans une jolie boîte. Certains biscuits sont fragiles : il est donc préférable de les disposer en une seule couche, recouverts d'une feuille de papier de soie, et de bien les caler. Ils seront ainsi protégés au cours du transport. Confectionnez un emballage original. Par exemple, pour envelopper un œuf de Pâques, découpez un grand carré de papier Cellophane, placez l'œuf au centre, relevez les coins en plaçant le papier contre l'œuf, puis nouez avec un ruban.

Desserts de tous les jours

Cette appétissante sélection de desserts classiques ne manquera pas de ravir toute la famille. Gâteaux à préparer à l'avance, desserts à déguster sans tarder... Il n'en restera pas une miette ! La réalisation de délices au chocolat n'a jamais été aussi simple.

Omelette norvégienne tout choco

Pour 8 personnes

Ce dessert, enrobé de meringue dorée au four, cache un cœur glacé au chocolat.

600 ml de crème glacée au chocolat
85 g (3 oz) de chocolat noir à 60 % de cacao, râpé
600 ml de crème glacée vanille-cookies

1 génoise au chocolat de 20 cm de diamètre
   (2,5 cm d'épaisseur environ)
3 blancs d'œuf
175 g (6 oz) de sucre en poudre

Dans une jatte, ramollissez la crème glacée au chocolat à l'aide d'une cuillère en bois. Tapissez un saladier de 1 litre de contenance de film alimentaire en le laissant largement dépasser. À l'aide d'une cuillère, étalez uniformément la crème glacée ramollie sur le film jusqu'à couvrir entièrement les parois du saladier. Mettez le chocolat noir râpé dans le saladier, puis inclinez le récipient dans tous les sens en tapotant légèrement les parois pour répartir uniformément le chocolat sur la crème glacée. Comblez le creux avec la crème glacée vanille-cookies et lissez la surface avec le dos d'une cuillère. Couvrez de film alimentaire et faites prendre 2 h environ au congélateur, jusqu'à ce que la préparation ait une consistance solide. Préchauffez le four à 400 °F (200 °C). Dans une jatte, montez les blancs en neige ferme au fouet électrique. Ajoutez-y le sucre, cuillerée par cuillerée, sans cesser de fouetter, jusqu'à obtenir une texture fluide et brillante. Réservez cette meringue. Placez la génoise au chocolat sur une plaque de cuisson tapissée de papier sulfurisé. Démoulez délicatement le dôme de glace sur la génoise. Ôtez le film alimentaire. À l'aide d'un couteau, coupez la génoise en laissant un bord de 2,5 cm autour du dôme. Recouvrez toute la glace et la génoise de meringue. Enfournez 10 min : la meringue doit être légèrement dorée. Servez aussitôt.

Voir variantes p. 38

Blanc-manger au chocolat

Pour 4 personnes

Si vos enfants font la grimace devant un verre de lait, faites-leur goûter ce délicieux entremets. Pour ajouter une petite touche amusante, préparez cette recette dans un moule fantaisie.

4 c. à s. de fécule de maïs	85 g de chocolat noir à 60 %
60 cl de lait	de cacao, cassé en morceaux
	2 c. à s. de sucre en poudre

Dans une jatte, délayez la fécule de maïs avec 3 c. à s. de lait. Versez le reste de lait dans une casserole et portez à ébullition. Versez le lait bouillant sur la préparation précédente, sans cesser de remuer avec une cuillère en bois.

Reversez le mélange dans la casserole, ajoutez les morceaux de chocolat et portez à ébullition en remuant jusqu'à épaississement. Poursuivez la cuisson 3 min sans cesser de remuer. Hors du feu, ajoutez le sucre en remuant.

Versez la préparation dans un moule de 24 cm de diamètre environ et laissez prendre 3 à 4 h au réfrigérateur. Au moment de servir, trempez la base du moule dans un récipient d'eau chaude, puis démoulez le blanc-manger sur le plat de service.

Placez au réfrigérateur jusqu'au moment de servir. Le blanc-manger peut-être préparé la veille.

Voir variantes p. 39

Trifle banane-chocolat

Pour 4 trifles

Une variante savoureuse d'un dessert «so british» : pour les amateurs de chocolat !

50 cl de crème anglaise prête à l'emploi
85 g (3 oz) de chocolat noir à 60 % de cacao,
    cassé en morceaux
1 gâteau roulé au chocolat
4 mandarines ou 300 g (11 oz) de quartiers
    de mandarine au sirop

3 c. à s. de sucre
1 c. à s. de cannelle moulue
2 bananes
30 cl de crème 15 %
1 barre de céréales au chocolat,
    pour le décor

Versez la crème anglaise dans une jatte. Faites fondre les morceaux de chocolat au bain-marie. Laissez refroidir 5 min, puis versez sur la crème anglaise et mélangez bien. Découpez le gâteau roulé en fines tranches et répartissez-les dans quatre verres. Si vous n'avez pas de mandarines au sirop en boîte : épluchez les mandarines, séparez-les en quartiers, puis retirez délicatement la peau blanche sans altérer la chair des quartiers ; dans une casserole, faites chauffer à feu très doux 1 grand verre d'eau, le sucre et la cannelle ; portez à ébullition et ajoutez les quartiers de mandarine ; enfin, laissez mijoter à couvert quelques minutes. Égouttez les quartiers de mandarine en réservant leur jus. Versez 1 c. à s. de jus de mandarine dans chaque verre, sur les tranches de gâteau. Couvrez de la crème anglaise au chocolat. Coupez les bananes en rondelles de 2 cm d'épaisseur et répartissez-les dans les verres. Ajoutez les quartiers de mandarine. Montez la crème en chantilly au fouet électrique. À l'aide d'une cuillère, répartissez-la dans les verres. Concassez grossièrement la barre de céréales au chocolat et décorez-en les trifles. Réservez au réfrigérateur jusqu'au moment de servir.

Voir variantes p. 40

Gâteau choco-café

Pour 9 personnes

Ce fondant au chocolat, très consistant, peut se déguster à l'heure du thé avec un peu de crème fouettée ou accompagné d'une boule de glace.

175 g (6 oz) de chocolat noir à 60 % de cacao, cassé en morceaux
250 g (9 oz) de beurre doux + 10 g (1/3 oz) pour le moule
340 g (12 oz) de cassonade
1 c. à s. de café instantané

200 g (7 oz) de farine classique
55 g (2 oz) de farine à gâteaux (avec levure incorporée)
55 g (2 oz) de cacao amer en poudre
2 œufs, battus
Sucre à glacer, pour le décor

Préchauffez le four à 325 °F (160 °C). Beurrez un moule à gâteaux carré de 23 cm de diamètre et tapissez-le de papier sulfurisé. Faites fondre le chocolat au bain-marie avec le beurre, la cassonade, 30 cl d'eau chaude et le café. Mélangez jusqu'à consistance lisse, puis laissez tiédir 15 min.

Versez la préparation dans une jatte. Incorporez les deux farines et le cacao tamisés, puis ajoutez les œufs. Battez la pâte au fouet électrique jusqu'à homogénéité. Versez-la dans un moule et enfournez 1 h à 1 h 15.

Sortez le gâteau du four et laissez-le tiédir 10 min. Démoulez-le sur une grille et laissez-le refroidir complètement. Au moment de servir, saupoudrez le gâteau de sucre à glacer et coupez-le en carrés (ils se conservent dans un récipient hermétique).

Voir variantes p. 41

Roulé chocolat et fruits rouges

Pour 8 personnes

Ce gâteau léger comme l'air se savoure sans aucune once de culpabilité !

10 g (1/3 oz) de beurre pour le moule
3 œufs
115 g (4 oz) de sucre en poudre
85 g (3 oz) de farine
30 g (1 oz) de cacao amer en poudre
35 cl de crème 15 %

1 c. à s. de sucre à glacer
Quelques gouttes d'arôme de vanille
175 g (6 oz) de fruits rouges mélangés :
    myrtilles, framboises et cerises
6 c. à s. de pâte à tartiner au chocolat

Préchauffez le four à 425 °F (220 °C). Beurrez un moule rectangulaire de 33 × 23 cm et tapissez-le de papier sulfurisé. Dans une jatte, battez les œufs avec le sucre au fouet électrique jusqu'à blanchiment. Ajoutez la farine et le cacao tamisés, mélangez bien et incorporez progressivement 1 c. à s. d'eau chaude. Remuez délicatement avec une spatule en soulevant la pâte de bas en haut. Versez la préparation dans un moule et enfournez 8 à 10 min. Démoulez le gâteau sur une feuille de papier sulfurisé. Coupez les bords pour les égaliser, puis roulez le gâteau en laissant le papier sulfurisé à l'intérieur. Déposez le roulé sur une grille et laissez-le refroidir. Dans une jatte, mélangez la crème, le sucre à glacer et l'arôme de vanille, puis battez au fouet électrique jusqu'à consistance ferme. Répartissez cette crème fouettée dans deux jattes. Hachez grossièrement la moitié des fruits rouges et ajoutez-les à une moitié de la crème. Déroulez le gâteau et étalez-y la pâte à tartiner, après avoir ôté le papier sulfurisé. Garnissez avec la crème fouettée aux fruits rouges, roulez délicatement le gâteau, puis déposez-le sur le plat de service. Recouvrez le roulé du reste de crème fouettée et décorez avec la deuxième moitié des fruits.

Voir variantes p. 42

Gâteau Victoria

Pour 10 personnes

Ce classique de la gastronomie britannique porte le nom de la reine Victoria. Elle était, raconte-t-on, une inconditionnelle de cette génoise, revue ici en version tout chocolat.

4 œufs
225 g (8 oz) de beurre doux ramolli + 10 g (1/3 oz) pour
    le moule + 115 g (4 oz) ramolli, pour le glaçage
225 g (8 oz) de sucre en poudre
200 g (7 oz) de farine à gâteaux (avec levure incorporée),
    tamisée

30 g (1 oz) de cacao amer en poudre
1 c. à s. de lait
200 g (7 oz) de sucre à glacer
1 barre biscuitée au chocolat,
    découpée en bâtonnets,
    pour le décor

Préchauffez le four à 350 °F (175 °C). Beurrez deux moules à gâteau de 20 cm de diamètre. Dans une jatte, battez les œufs, 225 g (8 oz) de beurre ramolli, la farine tamisée, la moitié du cacao (30 g) et le lait 2 à 3 min au fouet électrique jusqu'à consistance lisse et épaisse. Répartissez la préparation obtenue dans les moules et lissez-en la surface à l'aide d'une cuillère. Enfournez 20 à 25 min. Piquez un couteau au centre de chaque gâteau : la lame doit ressortir sèche. Sortez les gâteaux du four et laissez-les tiédir 5 min. Puis démoulez-les sur une grille et laissez-les refroidir complètement.

Dans une jatte, battez 115 g (4 oz) de beurre ramolli, le reste du cacao, le sucre à glacer et 1 c. à s. d'eau bouillante au fouet électrique jusqu'à homogénéité. Soudez les deux gâteaux avec la moitié de ce glaçage. À l'aide d'une poche à douille à large embout dentelé, formez avec le reste de glaçage 10 petits choux tout autour du gâteau. Décorez de la barre au chocolat et saupoudrez de sucre à glacer juste avant de servir. Les gâteaux, sans leur glaçage, se conservent 3 jours dans un récipient hermétique.

Voir variantes p. 43

Délice sans cuisson

Pour 10 personnes

Découpez ce gâteau en fines tranches avec un couteau sans dents, passé sous l'eau chaude.

2 c. à s. de liqueur d'orange ou de café
85 g (3 oz) de biscuits digestifs, cassés en
gros morceaux
175 g (6 oz) de chocolat noir à 60 % de cacao,
cassé en morceaux
85 g (3 oz) de beurre doux
3 c. à s. de miel liquide

25 cl de crème 35 %, légèrement fouettée
175 g (6 oz) de noix mélangées, grossièrement
concassées
55 g (2 oz) d'abricots secs prêts à consommer, hachés
85 g (3 oz) d'écorces d'orange confites, hachées
120 g (4 ½ oz) de cerises confites, coupées en deux
Cacao amer en poudre, pour le décor

Tapissez un moule à tarte au fond amovible de 20 cm de diamètre avec du film alimentaire. Dans une jatte, trempez les morceaux de biscuits avec quelques gouttes de liqueur. Faites fondre les morceaux de chocolat avec le beurre et le miel au bain-marie. Remuez bien jusqu'à obtention d'une texture lisse. Laissez tiédir 5 min, puis ajoutez au mélange la crème légèrement fouettée, les noix concassées, les abricots secs et les écorces d'orange confites hachées, les cerises confites coupées en deux et les morceaux de biscuits imbibés de liqueur. Mélangez jusqu'à homogénéité.

Versez la préparation dans le moule à l'aide d'une cuillère, puis lissez-la en appuyant bien. Placez au réfrigérateur 4 h ou toute une nuit. Démoulez délicatement le gâteau sur le plat de service. Ôtez le film alimentaire. Saupoudrez généreusement de cacao avant de servir.

Le dessert se conserve 3 jours au réfrigérateur, dans son moule.

Voir variantes p. 44

Tiramisu à la liqueur

Pour 10 personnes

Ce dessert parfumé et raffiné peut être préparé à l'avance.

125 g (4 ½ oz) de biscuits à la cuillère
15 cl de café noir très fort
12 cl de Baileys ou de Tia Maria
3 jaunes d'œufs

2 c. à s. de sucre en poudre
460 g (16 oz) de mascarpone
15 cl de crème 15 %, légèrement fouettée
Cacao amer en poudre, pour le décor

Tapissez le fond d'un moule à tarte des biscuits à la cuillère. Dans une jatte, mélangez le café et 3 c. à s. de liqueur, puis versez sur les biscuits.

Dans une jatte, battez les jaunes d'œuf et le sucre au fouet électrique jusqu'à consistance ferme. Ajoutez le mascarpone sans cesser de battre, puis incorporez délicatement la crème fouettée et le reste de liqueur.

Versez la préparation sur les biscuits à l'aide d'une cuillère. Réservez une nuit au réfrigérateur.

Saupoudrez de cacao juste avant de servir. Le tiramisu se conserve 2 jours au réfrigérateur.

Voir variantes p. 45

Éclairs café-chocolat

Pour 8 éclairs

Ces éclairs crémeux, qui marient café et chocolat, sont à déguster sans attendre !

55 g (2 oz) de beurre doux
65 g (2 ½ oz) de farine, tamisée
2 œufs, légèrement battus
175 g (6 oz) de sucre à glacer

1 c. à s. d'extrait de café et de chicorée
30 cl de crème 15 %
55 g (2 oz) de chocolat noir à 60 % de cacao

Préchauffez le four à 425 °F (220 °C). Dans une petite casserole, portez le beurre et 15 cl d'eau froide à ébullition, puis versez dans une jatte. Incorporez-y la farine tamisée et battez le tout à l'aide d'une cuillère en bois jusqu'à formation d'une boule de pâte lisse. Laissez tiédir 2 min. Ajoutez-y progressivement les œufs, sans cesser de battre, jusqu'à obtention d'une pâte fluide et brillante. À l'aide d'une poche à douille munie d'un large embout de forme ronde, formez 8 boudins de pâte de 10 cm chacun sur une plaque de cuisson tapissée de papier sulfurisé, en veillant à bien les espacer. Enfournez 12 min, les éclairs doivent avoir bien monté et présenter une jolie couleur dorée. Sortez du four. Percez l'extrémité de chaque éclair avec la pointe d'un couteau pour laisser échapper la vapeur. Déposez les éclairs sur une grille et laissez-les refroidir.

Dans une jatte, mélangez le sucre à glacer et l'extrait de café et de chicorée, puis ajoutez la quantité d'eau froide nécessaire à la formation d'une pâte lisse. Battez jusqu'à homogénéité. Coupez chaque éclair en deux dans le sens de la longueur et trempez le dessus des chapeaux dans le glaçage. Déposez les chapeaux sur une grille et réservez jusqu'à fixation du glaçage.

Battez la crème au fouet électrique, jusqu'à consistance ferme. À l'aide d'une poche à douille munie d'un large embout dentelé, recouvrez la base de chaque éclair de crème.

Soudez les deux côtés des éclairs. Faites fondre le chocolat au bain-marie, puis, à l'aide d'une poche à douille munie d'un embout étroit de forme ronde, décorez les chapeaux des éclairs d'un serpentin de chocolat fondu. Déposez les éclairs sur une grille.

Consommez les éclairs de préférence le jour même, sinon conservez-les 2 jours au réfrigérateur.

Voir variantes p. 46

Gâteau glacé aux pommes et au chocolat

Pour 9 personnes

Pommes et chocolat s'associent parfaitement. Ce gâteau, dense et glacé, supporte aisément les voyages et sera le compagnon idéal de vos pique-niques.

200 g (7 oz) de beurre doux + 1 c. à s.
   pour le glaçage
225 g (8 oz) de sucre en poudre
3 œufs
55 g (2 oz) de cacao amer en poudre
   + 115 g (4 oz) pour le glaçage

½ c. à c. de bicarbonate de soude
2 pommes vertes, pelées et coupées en quartiers
225 g (8 oz) de farine à gâteaux (avec levure
   incorporée)
115 g (4 oz) de sucre à glacer
1 c. à s. de lait

Dans la cuve d'un robot ménager, mélangez 200 g (7 oz) de beurre, le sucre, les œufs, 55 g (2 oz) de cacao, 5 cl d'eau, le bicarbonate de soude, les pommes vertes et la farine, jusqu'à homogénéité. Versez le mélange dans un moule à l'aide d'une cuillère. Enfournez 1 h : le gâteau doit avoir bien monté. Sortez le gâteau du four et laissez-le tiédir, dans son moule, 5 min. Puis démoulez-le sur une grille et laissez refroidir complètement. Faites fondre le sucre à glacer, 1 c. à s. de beurre, 115 g (4 oz) de cacao et le lait au bain-marie. Mélangez jusqu'à homogénéité. Ajoutez un peu de lait si la préparation manque de souplesse. Recouvrez le gâteau de ce glaçage. Laissez durcir, puis servez.

Le gâteau se conserve 3 jours dans un récipient hermétique.

Voir variantes p. 47

Variantes

Omelette norvégienne tout choco

Recette de base p. 19

Omelette norvégienne choco-cerise
Suivez la recette de base, en remplaçant la crème glacée vanille-cookies par la même quantité de crème glacée à la cerise.

Omelette norvégienne au café
Suivez la recette de base, en remplaçant la crème glacée vanille-cookies par de la crème glacée au café et le chocolat noir par du chocolat au café, cassé en morceaux, dans les mêmes quantités.

Omelette norvégienne exotique
Suivez la recette de base, en remplaçant la crème glacée vanille-cookies par un sorbet à la mangue, celle au chocolat par un sorbet à la framboise et le chocolat noir par du chocolat blanc, dans les mêmes quantités.

Omelette norvégienne allégée aux fruits rouges
Suivez la recette de base, en remplaçant les crèmes glacées au chocolat et vanille-cookies par des sorbets allégés à la fraise et à la framboise.

Omelette norvégienne caramel-brownie
Suivez la recette de base, en remplaçant les crèmes glacées au chocolat et vanille-cookies par des crèmes glacées vanille-coulis de caramel et chocolat-morceaux de brownie, dans les mêmes quantités.

Variantes

Blanc-manger au chocolat

Recette de base p. 21

Blanc-manger au chocolat blanc
Suivez la recette de base, en remplaçant le chocolat noir par 85 g (3 oz)
de chocolat blanc et en ajoutant quelques gouttes d'arôme de vanille.

Blanc-manger à l'orange et au chocolat
Suivez la recette de base, en ajoutant au reste de lait l'écorce de 1 orange.
Portez à ébullition et laissez infuser 10 min. Ôtez l'écorce d'orange avec
une pince alimentaire.

Blanc-manger à la menthe croquante
Suivez la recette de base, en remplaçant le chocolat noir par 85 g (3 oz) de
chocolat noir à la menthe et en ajoutant quelques gouttes d'arôme
de menthe.

Blanc-manger au moka et au café
Suivez la recette de base, en remplaçant le chocolat noir par 85 g (3 oz)
de chocolat au café et en ajoutant 1 c. à s. d'extrait de café et de chicorée.

Blanc-manger banane-chocolat
Suivez la recette de base, en remplaçant le lait par 60 cl de lait à la banane.

Variantes

Trifle banane-chocolat

Recette de base p. 22

Trifle tropical
Suivez la recette de base, en remplaçant les quartiers de mandarine au sirop par 115 g (4 oz) de mangue fraîche, coupée en petits morceaux.

Trifle ananas-gingembre
Suivez la recette de base, en remplaçant les quartiers de mandarine au sirop par 200 g (7 oz) d'ananas au sirop, préalablement égoutté, et le gâteau roulé au chocolat par 8 fines tranches de pain d'épices.

Trifle forêt-noire
Suivez la recette de base, en remplaçant les quartiers de mandarine au sirop par une vingtaine de cerises à l'eau-de-vie, et les bananes par 115 g (4 oz) de framboises fraîches.

Trifle à la cerise
Suivez la recette de base, en remplaçant les quartiers de mandarine au sirop par 200 g (7 oz) de confiture de cerises. Supprimez les bananes.

Trifle tutti frutti
Suivez la recette de base, en remplaçant les quartiers de mandarine au sirop par 200 g (7 oz) de fruits mélangés au sirop, préalablement égouttés.

Variantes

Gâteau choco-café

Recette de base p. 25

Gâteau choco-café, glacé au moka
Dans une casserole, faites fondre à feu doux 65 g (2 V oz) de chocolat noir à
60 % de cacao, 2 c. à s. de beurre, 1 c. à c. de café instantané et 1 c. à s. d'eau.
Incorporez au mélange 140 g (5 oz) de sucre à glacer et 1 c. à s. d'eau froide,
puis remuez jusqu'à homogénéité. Recouvrez le gâteau cuit de la préparation
et laissez reposer 1 à 2 h. Décorez de cerneaux de noix avant de servir.

Gâteau choco-café à la guimauve
Suivez la recette de base, en ajoutant 85 g (3 oz) de petits morceaux
de guimauve à la pâte.

Gâteau choco-café, nappage au chocolat
Recouvrez le gâteau cuit de 4 c. à s. de pâte à tartiner au chocolat et
de noisettes, puis saupoudrez de 55 g (2 oz) de noix concassées.

Gâteau choco-café aux M&M's
Suivez la recette de base, en ajoutant 85 g (3 oz) de M&M's à la pâte.

Gâteau choco-café aux noisettes
Suivez la recette de base, en ajoutant 85 g (3 oz) de noisettes concassées et
grillées à la pâte.

Roulé chocolat et fruits rouges

Recette de base p. 26

Roulé chocolat et fraises
Suivez la recette de base, en remplaçant les fruits rouges par 175 g (6 oz)
de fraises coupées en tranches.

Roulé chocolat et framboises
Suivez la recette de base, en remplaçant les fruits rouges par 175 g (6 oz) de
framboises. Décorez de copeaux de chocolat, de feuilles de menthe et de framboises.

Roulé chocolat et fruits exotiques
Suivez la recette de base, en remplaçant les fruits rouges par 175 g (6 oz) de papaye,
de mangue et d'ananas frais et coupés en petits morceaux. Décorez le roulé de 2 c. à
s. de noix de coco en poudre grillée.

Roulé chocolat et miel
Suivez la recette de base, en supprimant la pâte à tartiner et les fruits rouges. Ajoutez
à la moitié de la crème fouettée 55 g (2 oz) de bonbons au miel broyés et garnissez
le roulé de cette préparation. Décorez de chocolat râpé.

Roulé au chocolat blanc
Suivez la recette de base, en supprimant la pâte à tartiner et les fruits rouges.
Mélangez délicatement 55 g (2 oz) de chocolat blanc râpé à la moitié de la crème de
fourrage. Décorez de fraises trempées dans du chocolat blanc fondu.

Variantes

Gâteau Victoria

Recette de base p. 29

Gâteau Victoria à la crème Chantilly
Suivez la recette de base, en supprimant le glaçage. Dans une jatte, fouettez
15 cl de crème 15 % froide, 2 c. à s. de sucre glace et 1 c. à c. d'arôme de
vanille jusqu'à consistance ferme. Garnissez-en le gâteau.

Gâteau Victoria lait-caramel
Suivez la recette de base. Recouvrez une moitié de gâteau de 3 c. à s. de
confiture de lait sur une moitié du gâteau. Remplacez la barre biscuitée
au chocolat par des morceaux de caramels mous enrobés de chocolat.

Gâteau Victoria choco-framboise
Suivez la recette de base. Ajoutez 85 g (3 oz) de framboises à la garniture
intérieure. Décorez de 10 framboises fraîches et de feuilles de menthe.

Gâteau Victoria choco-vanille
Suivez la recette de base, en remplaçant le cacao par 30 g (1 oz) de farine
à gâteaux (avec levure incorporée) et 1 c. à c. d'arôme de vanille.

Gâteau Victoria choco-orange
Suivez la recette de base, en remplaçant le cacao et le lait par 30 g (1 oz)
de farine à gâteaux (avec levure incorporée), 1 c. à c. d'arôme d'orange et
1 c. à s. de zeste d'orange.

Variantes

Délice sans cuisson

Recette de base p. 30

Délice sans cuisson en carrés
Suivez la recette de base, en versant la préparation dans un moule à gâteau
carré de 18 cm de diamètre. Découpez en petits carrés de 2,5 cm de côté et
servez dans des petits moules en papier.

Délice sans cuisson à la liqueur et au gingembre
Suivez la recette de base, en remplaçant les biscuits digestifs par 55 g (2 oz) de
gâteaux secs au gingembre et les abricots par 55 g (2 oz) de gingembre haché.

Délice sans cuisson au marasquin
Suivez la recette de base, en remplaçant les cerises confites par 115 g (4 oz) de
cerises au marasquin, préalablement égouttées et coupées en petits morceaux.

Délice sans cuisson aux sablés et au chocolat au lait
Suivez la recette de base, en remplaçant les biscuits digestifs par 85 g (3 oz) de
biscuits sablés émiettés et le chocolat noir par 175 g (6 oz) de chocolat au lait.

Délice sans cuisson au muesli
Suivez la recette de base, en remplaçant la liqueur par du jus d'orange
et les abricots et les écorces d'orange par 150 g (5 oz) de muesli.

Tiramisu à la liqueur

Recette de base p. 33

Tiramisus individuels au Baileys
Disposez dix grands verres à pied sur un plateau. Suivez la recette de base, en répartissant la préparation dans chacun des verres.

Tiramisu au Baileys et aux amaretti
Suivez la recette de base. Remplacez le cacao par 4 amaretti cassés en morceaux. Saupoudrez-en le dessert juste avant de servir.

Tiramisu au Baileys et à la cerise
Suivez la recette de base, en étalant sur les biscuits imbibés de café de la compote de cerise avant d'ajouter la préparation au mascarpone.

Tiramisu à la crème anglaise
Suivez la recette de base, en remplaçant la crème 15 % par 30 cl de crème anglaise prête à l'emploi.

Tiramisu à l'abricot
Suivez la recette de base, en remplaçant le Baileys par 8 c. à s. de jus d'orange frais. Étalez sur les biscuits imbibés de café de la compote d'abricot avant de garnir avec la préparation au mascarpone.

Éclairs café-chocolat

Recette de base p. 34

Choux café-chocolat
Suivez la recette de base. Sur la plaque de cuisson, formez avec la poche
à douille 8 boules au lieu des boudins.

Mini-éclairs café-chocolat
Suivez la recette de base. Sur la plaque de cuisson, formez avec la poche à
douille 20 petits boudins. Servez les mini-éclairs dans des moules en papier.

Couronne café-chocolat
Suivez la recette de base. Dessinez un cercle de 20 cm de diamètre sur le papier
sulfurisé. Disposez à l'aide d'une cuillère des petits tas de pâte se touchant
légèrement le long du cercle. Enfournez 20 min. Nappez la couronne par
petites touches du glaçage et du chocolat fondu.

Choux pralinés café-chocolat
Suivez la recette de base. Saupoudrez les chapeaux de 1 c. à c. de pralin
concassé avant durcissement du glaçage. Incorporez 3 c. à s. de pralin
à la crème fouettée de remplissage. Supprimez les serpentins de chocolat.

Éclairs à la crème glacée au café
Suivez la recette de base. Remplacez la crème de remplissage par une boule
de crème glacée au café. Déposez du chocolat fondu par petites touches.

Variantes

Gâteau glacé aux pommes et au chocolat

Recette de base p. 37

Gâteau glacé aux poires et au chocolat
Suivez la recette de base en remplaçant les 2 pommes par 2 grosses poires
pelées et épépinées.

Gâteau glacé aux bananes et au chocolat
Suivez la recette de base en remplaçant les pommes par 2 bananes pelées
et coupées en rondelles.

Gâteau glacé aux abricots et au chocolat
Suivez la recette de base en remplaçant les pommes par 4 abricots mûrs,
dénoyautés et coupés en deux.

Gâteau glacé aux pêches et au chocolat
Suivez la recette de base en remplaçant les pommes par 4 pêches au sirop,
préalablement égouttées et coupées en deux.

Cookies
et biscuits

Quelle satisfaction de servir un plateau rempli

de cookies faits maison ! Quand les enfants mettent

les mains à la pâte, la cuisine se transforme en un

véritable atelier de pâtisserie. Tous, petits et grands,

ne quittent pas le four des yeux et se régalent déjà !

Biscuits choco-cacahuète

Pour 24 à 30 cookies

Le beurre de cacahuète croquant fait de ces biscuits un goûter délicieux et réconfortant.

225 g (8 oz) de cassonade
115 g (4 oz) de beurre doux
1 c. à c. d'arôme de vanille
1 œuf, battu
140 g (5 oz) de beurre de cacahuète, avec morceaux

2 c. à s. de lait
280 g (10 oz) de farine
1 c. à c. de poudre à lever
85 g (3 oz) de pépites de chocolat noir

Préchauffez le four à 375 °F (190 °C). Tapissez deux plaques de cuisson de papier sulfurisé.

Battez la cassonade, le beurre, l'arôme de vanille et l'œuf dans une jatte jusqu'à consistance lisse. Incorporez le beurre de cacahuète et le lait sans cesser de battre. Ajoutez la farine et la poudre à lever tamisées à la pâte. Versez les pépites de chocolat dans le mélange et remuez jusqu'à homogénéité.

Formez avec la pâte 24 à 30 petites boules avec les mains, préalablement farinées. Disposez-les régulièrement sur les plaques de cuisson. Pressez chaque boule avec le dos d'une cuillère. Enfournez 10 à 12 min : les cookies doivent être dorés. Sortez du four et laissez tiédir 5 min. Mettez les cookies sur une grille et laissez refroidir complètement.

Les cookies se conservent 4 à 5 jours dans un récipient hermétique.

Voir variantes p. 68

Shortbreads aux pépites de chocolat

Pour 8 sablés

Ou comment revisiter la traditionnelle recette des shortbreads écossais...

140 g (5 oz) de farine, tamisée
2 c. à s. de fécule de maïs
55 g (2 oz) de cassonade + 55 g (2 oz) pour le décor

115 g (4 oz) de beurre doux, coupé en cubes
85 g (3 oz) de pépites de chocolat noir

Préchauffez le four à 325 °F (160 °C). Tapissez un moule de 18 cm de diamètre de papier sulfurisé.

Dans une jatte, mélangez la farine et la fécule de maïs tamisées, puis incorporez la cassonade. Ajoutez le beurre et travaillez le mélange aux doigts. Versez les pépites de chocolat et malaxez bien.

Versez la pâte dans le moule et tassez avec le dos d'une cuillère. Piquez avec une fourchette et prédécoupez la pâte en 8 triangles. Enfournez 35 à 40 min : le dessus des biscuits doit être légèrement doré.

Sortez le moule du four et laissez tiédir 5 min. Saupoudrez de cassonade et servez aussitôt.

Les shortbreads se conservent 4 à 5 jours dans un récipient hermétique.

Voir variantes p. 69

Cookies à l'avoine, au chocolat et aux raisins secs

Pour 12 à 15 cookies

Délicieux à la sortie du four, ces cookies disparaîtront en un clin d'œil.

85 g (3 oz) de farine classique, tamisée
40 g (1 ½ oz) de farine à gâteaux (avec levure incorporée), tamisée
30 g (1 oz) de flocons d'avoine
2 c. à c. de poudre à lever
55 g (2 oz) de cassonade

55 g (2 oz) de sucre en poudre
1 œuf
1 c. à c. d'arôme de vanille
3 c. à s. d'huile de tournesol
40 g (1 ½ oz) de raisins secs
85 g (3 oz) de pépites de chocolat noir

Préchauffez le four à 375 °F (190 °C). Tapissez 2 plaques de cuisson de papier sulfurisé.

Dans une jatte, mélangez les farines, les flocons d'avoine, la poudre à lever, la cassonade et le sucre. Dans un bol, battez l'œuf avec l'arôme de vanille, ajoutez-le à la première préparation, puis mélangez jusqu'à homogénéité. Versez peu à peu l'huile, sans cesser de remuer, jusqu'à ce que le mélange se détache des parois de la jatte — vous ne devriez pas avoir besoin de toute l'huile. Ajoutez les raisins secs et les pépites de chocolat et mélangez à nouveau. Formez 12 à 15 petites boules de pâte. Disposez-les sur les plaques de cuisson et tassez avec le dos d'une cuillère. Enfournez 10 à 12 min : les cookies doivent être légèrement dorés.

Les cookies se conservent 3 jours dans un récipient hermétique, ils peuvent être congelés jusqu'à 3 mois.

Voir variantes p. 70

Cookies double chocolat aux noisettes

Pour 12 cookies

Pourrez-vous résister à ces cookies joliment zébrés ?

115 g (4 oz) de farine classique, tamisée
40 g (1 ½ oz) de farine à gâteaux (avec levure
    incorporée), tamisée
2 c. à c. de poudre à lever
55 g (2 oz) de cassonade
55 g (2 oz) de sucre en poudre
1 œuf

2 gouttes d'arôme de vanille
55 g (2 oz) de noisettes, coupées en deux
2 c. à s. de pépites de chocolat noir
2 c. à s. de pépites de chocolat au lait
3 c. à s. d'huile de tournesol
200 g (7 oz) de chocolat à l'orange
55 g (2 oz) de chocolat blanc

Préchauffez le four à 325 °F (160 °C). Mélangez, dans la cuve d'un robot ménager ou dans une jatte, les farines tamisées, la poudre à lever, la cassonade, le sucre, l'œuf, l'arôme de vanille, les noisettes et les pépites de chocolat, en ajoutant peu à peu l'huile jusqu'à homogénéité. Formez 12 petites boules de pâte. Disposez-les sur une plaque de cuisson tapissée de papier sulfurisé. Enfournez 10 à 12 min. Sortez la plaque du four et laissez tiédir 2 min. Mettez les cookies sur une grille et laissez refroidir complètement. Faites fondre le chocolat à l'orange au bain-marie. Trempez le dessus de chaque cookie dans le chocolat fondu. Réservez sur une grille 10 min. Faites fondre le chocolat blanc au bain-marie. À l'aide d'une fourchette, dessinez des zébrures de chocolat blanc sur chaque cookie. Réservez quelques instants jusqu'à fixation du chocolat, puis servez.
Les cookies, sans leur glaçage, se conservent 7 jours dans un récipient hermétique.

Voir variantes p. 71

Cookies choco-gingembre

Pour 12 cookies

Le chocolat et le gingembre se marient à merveille dans cette recette irrésistible.

115 g (4 oz) de farine classique, tamisée
40 g (1 ½ oz) de farine à gâteaux (avec levure
   incorporée), tamisée
2 c. à c. de poudre à lever
55 g (2 oz) de cassonade
55 g (2 oz) de sucre en poudre
1 œuf

2 gouttes d'arôme de vanille
3 c. à s. d'huile de tournesol
85 g (3 oz) de chocolat noir, grossièrement concassé
55 g (2 oz) de racine de gingembre confite,
   finement émincée
55 g (2 oz) de sucre à glacer, tamisé
2 c. à s. de jus d'orange

Préchauffez le four à 325 °F (160 °C). Mélangez, dans la cuve d'un robot ménager ou dans une jatte, les farines, la poudre à lever, les sucres, l'œuf et l'arôme de vanille, en ajoutant peu à peu l'huile jusqu'à homogénéité. Incorporez le chocolat et le gingembre, puis pétrissez délicatement. Formez 12 petites boules de pâte et disposez-les sur une plaque de cuisson tapissée de papier sulfurisé. Enfournez 10 à 12 min : les cookies doivent être dorés.

Sortez la plaque du four et laissez tiédir 2 min. Mettez les cookies sur une grille et laissez refroidir complètement. Dans un bol, mettez le sucre à glacer tamisé et ajoutez suffisamment de jus d'orange pour former une pâte lisse. À l'aide d'une fourchette, badigeonnez chaque cookie de glaçage, dans un sens puis dans l'autre, pour former un quadrillage. Réservez quelques instants jusqu'à fixation du glaçage, puis servez.

Les cookies, sans leur glaçage, se conservent 5 jours dans un récipient hermétique.

Voir variantes p. 72

Sablés viennois au chocolat et au citron

Pour 8 sablés

Ces élégants biscuits seront très appréciés lors de la pause café du matin.

115 g (4 oz) de beurre doux, ramolli
+ 85 g (3 oz) pour le glaçage
30 g (1 oz) de sucre à glacer
+ 175 g (6 oz) pour le glaçage

140 g (5 oz) de farine
½ c. à c. d'arôme de vanille
115 g (4 oz) de chocolat au lait
2 c. à c. de zeste de citron

Préchauffez le four à 375 °F (190 °C). Tapissez une plaque de cuisson de papier sulfurisé. Dans une jatte, mélangez 115 g (4 oz) de beurre avec 30 g (1 oz) de sucre à glacer jusqu'à homogénéité. Ajoutez la farine et l'arôme de vanille, puis remuez jusqu'à consistance crémeuse. À l'aide d'une poche à douille munie d'un embout moyen dentelé, formez 16 boudins de pâte de 7,5 cm environ et disposez-les sur la plaque de cuisson. Enfournez 10 min : les sablés doivent être légèrement dorés. Sortez la plaque du four et laissez tiédir 5 min. Placez les sablés sur une grille et laissez refroidir complètement. Faites fondre le chocolat au bain-marie. Plongez les extrémités des sablés dans le chocolat fondu, puis déposez les biscuits sur une grille. Battez 85 g (3 oz) de beurre avec 175 g (6 oz) de sucre à glacer et le zeste de citron jusqu'à consistance ferme. À l'aide de la poche à douille, garnissez du mélange obtenu la base de chaque sablé. Recouvrez avec les sablés restants. Saupoudrez de sucre à glacer juste avant de servir.

Les sablés, sans leur glaçage, se conservent 2 jours dans un récipient hermétique.

Voir variantes p. 73

Cookies aux deux saveurs

Pour 24 à 30 cookies

Ne choisissez plus entre la vanille et le chocolat, croquez les deux !

Pour la pâte à la vanille	Pour la pâte au chocolat
125 g (4 ½ oz) de beurre doux	125 g (4 ½ oz) de beurre doux
125 g (4 ½ oz) de sucre en poudre	125 g (4 ½ oz) de sucre en poudre
Quelques gouttes d'arôme de vanille	28 g (1 oz) de cacao amer en poudre
½ jaune d'œuf, battu	½ jaune d'œuf, battu
175 g (6 oz) de farine, tamisée	165 g (5 ½ oz) de farine, tamisée

Préchauffez le four à 350 °F (180 °C). Tapissez une plaque de cuisson de papier sulfurisé.

Dans une jatte, mélangez le beurre avec le sucre jusqu'à consistance crémeuse. Incorporez l'arôme de vanille, le jaune d'œuf et la farine tamisée et remuez bien. Dans une autre jatte, préparez la pâte au chocolat de la même façon, en remplaçant la vanille par le cacao. Pétrissez les pâtes séparément jusqu'à homogénéité. Couvrez de film alimentaire et réservez 30 min au réfrigérateur. Étalez chaque pâte en un rectangle de 25 × 18 cm. Au pinceau, nappez d'un peu de lait la pâte à la vanille. Recouvrez de pâte au chocolat. Pressez légèrement le biscuit, puis roulez-le à partir du petit côté. Recouvrez de film alimentaire et réservez 30 min au frais. Ôtez le film alimentaire. Découpez en 24 à 30 tranches et disposez sur deux plaques de cuisson tapissées de papier sulfurisé. Enfournez 10 à 12 min. Sortez du four et laissez tiédir 5 min. Déposez les cookies sur une grille et laissez refroidir complètement.

La pâte crue se conserve 7 jours au réfrigérateur.

Voir variantes p. 74

Cookies aux framboises et au chocolat blanc

Pour 12 cookies

Ces cookies habillés de chocolat blanc s'accompagnent parfaitement de framboises et de crème glacée à la vanille. Laissez-vous tenter...

115 g (4 oz) de farine classique
40 g (1 ½ oz) de farine à gâteaux (avec levure incorporée)
2 c. à c. de poudre à lever
55 g (2 oz) de cassonade
55 g (2 oz) de sucre en poudre
1 œuf

2 gouttes d'arôme de vanille
3 c. à s. d'huile de tournesol
85 g (3 oz) de pépites de chocolat blanc
85 g (3 oz) de framboises fraîches
55 g (2 oz) de sucre à glacer
2 c. à s. d'eau de rose ou de jus d'orange

Préchauffez le four à 325 °F (160 °C). Dans la cuve d'un robot ménager ou dans une jatte, tamisez ensemble les deux farines, puis incorporez la poudre à lever, la cassonade, le sucre, l'œuf et l'arôme de vanille, en ajoutant peu à peu l'huile jusqu'à obtention d'une pâte homogène, légère et friable. Ajoutez les pépites de chocolat et les framboises, puis pétrissez délicatement. Formez 12 petites boules de pâte et disposez-les sur une plaque de cuisson tapissée de papier sulfurisé. Enfournez 10 min. Sortez la plaque du four et laissez tiédir 2 min. Déposez les cookies sur une grille et laissez refroidir complètement. Préparez le glaçage. Travaillez le sucre à glacer tamisé avec l'eau de rose ou le jus d'orange. À l'aide d'une fourchette, nappez chaque cookie de glaçage, dans un sens puis dans l'autre, pour former un quadrillage. Laissez durcir, puis servez.

Les cookies se conservent une journée au frais.

Voir variantes p. 75

Cœurs tendres au chocolat

Pour 20 cookies

Ces cookies ont un point faible : leur cœur onctueux. Parions que ce sera aussi le vôtre !

140 g (5 oz) de beurre doux
+ 1 c. à s. pour la garniture
175 g (6 oz) de sucre en poudre
1 œuf
175 g (6 oz) de farine à gâteaux (avec levure incorporée)

55 g (2 oz) de cacao amer en poudre
½ c. à c. d'arôme de vanille
85 g (3 oz) de chocolat au lait
1 c. à s. de golden syrup (dans les grandes surfaces et les épiceries fines)

Préchauffez le four à 350 °F (175 °C).

Tapissez 3 plaques de cuisson de papier sulfurisé. Dans une jatte, battez le beurre avec le sucre jusqu'à consistance lisse. Incorporez l'œuf, sans cesser de remuer avec une cuillère en bois. Ajoutez la farine et le cacao tamisés, puis travaillez le mélange à la fourchette jusqu'à obtention d'une pâte ferme. Formez 20 petites boules de pâte et disposez-les sur les plaques de cuisson, en veillant à bien les espacer. Enfournez 15 min. Sortez les plaques du four et ménagez un creux à la surface de chaque cookie avec le dos d'une cuillère.

Faites fondre le chocolat et 1 c. à s. de beurre avec le golden syrup au bain-marie. Mélangez jusqu'à homogénéité. À l'aide d'une cuillère, répartissez la garniture sur les cookies. Déposez les biscuits sur une grille et réservez jusqu'à fixation de la garniture.

Les cookies se conservent 4 à 5 jours dans un récipient hermétique.

Voir variantes p. 76

Cookies façon madeleine

Pour 18 cookies

Des cookies cuits dans une plaque à madeleines, une drôle d'idée ? Pas du tout...
Simplement une astuce pour les rendre encore plus moelleux.

140 g (5 oz) de farine à gâteaux (avec levure incorporée)	225 g (8 oz) de beurre doux
55 g (2 oz) de farine de riz	85 g (3 oz) de sucre à glacer
55 g (2 oz) de fécule de maïs	115 g (4 oz) de chocolat noir à 60 % de cacao

Préchauffez le four à 350 °F (175 °C). Beurrez une plaque à madeleines de 18 alvéoles.

Dans une jatte, mélangez les farines tamisées et la fécule de maïs. Dans une autre jatte,
battez le beurre avec le sucre jusqu'à consistance lisse. Ajoutez-y peu à peu le mélange
farines-fécule de maïs et travaillez soigneusement pour obtenir une pâte légère.
Répartissez la pâte dans chaque alvéole, en pressant légèrement. Lissez la surface avec le dos
d'une cuillère.

Enfournez 15 à 20 min. Sortez la plaque du four et laissez tiédir quelques minutes. Démoulez
délicatement les cookies sur une grille et laissez refroidir complètement.

Faites fondre le chocolat au bain-marie. Trempez la moitié de chaque cookie dans le chocolat
fondu et laissez durcir. Saupoudrez de sucre à glacer juste avant de servir.

Les cookies se conservent 3 jours dans un récipient hermétique.

Voir variantes p. 77

Variantes

Biscuits choco-cacahuète

Recette de base p. 49

Biscuits choco-cacahuète croquants
Suivez la recette de base, en remplaçant 55 g (2 oz) de pépites de chocolat
noir par 55 g (2 oz) de cacahuètes grossièrement hachées.

Biscuits chocolat blanc-cacahuète
Suivez la recette de base. Faites fondre 175 g (6 oz) de chocolat blanc.
Trempez rapidement les biscuits dans le chocolat fondu pour les couvrir
d'une couche. Déposez-les sur une grille et laissez refroidir avant de servir.

Biscuits choco-cacahuète et crème glacée
Suivez la recette de base. Soudez deux cookies avec votre crème glacée
préférée et servez aussitôt.

Biscuits de fête
Suivez la recette de base. Dans un bol, mélangez 150 g (5 oz) de sucre
tamisé et 2 ou 3 c. à s. de jus d'orange jusqu'à obtention d'un glaçage lisse.
Nappez les biscuits de ce glaçage et saupoudrez de vermicelle multicolore.

Biscuits choco-cacahuète, parfumés à la vanille
Battez 225 g (8 oz) de sucre à glacer, 115 g (4 oz) de beurre et 1 c. à c.
d'arôme de vanille. Soudez deux cookies avec ce mélange.

Shortbreads aux pépites de chocolat

Recette de base p. 51

Shortbreads au chocolat et à la cerise
Suivez la recette de base, en ajoutant 30 g (1 oz) de cerises confites hachées
aux pépites de chocolat.

Shortbreads au chocolat et au gingembre
Suivez la recette de base, en ajoutant 30 g (1 oz) de gingembre confit haché
aux pépites de chocolat.

Shortbreads double chocolat
Suivez la recette de base. Faites fondre 85 g (3 oz) de chocolat blanc au bain-
marie et trempez la pointe des shortbreads dans le chocolat fondu pour les
couvrir d'une couche épaisse. Déposez-les sur une grille et laissez refroidir.

Shortbreads au chocolat et à l'orange
Suivez la recette de base, en ajoutant 2 c. à c. de zeste d'orange et quelques
gouttes d'arôme d'orange aux pépites de chocolat.

Shortbreads au chocolat et aux amandes
Suivez la recette de base, en remplaçant 30 g (1 oz) de farine par la même
quantité de poudre d'amandes et 1 c. à c. d'arôme d'amande amère.

Variantes

Cookies à l'avoine, au chocolat et aux raisins secs

Recette de base p. 52

Cookies à l'avoine, au chocolat et aux canneberges
Suivez la recette de base, en remplaçant les raisins secs par 40 g (1 ½ oz)
de canneberges séchées.

Cookies à l'avoine et aux noix du Brésil
Suivez la recette de base, en remplaçant les raisins secs par 40 g (1 ½ oz)
de noix du Brésil concassées.

Sablés au chocolat et aux cerises
Suivez la recette de base, en remplaçant les raisins secs par 40 g (1 ½ oz)
de cerises confites hachées.

Cookies à l'avoine, au chocolat et aux fruits exotiques
Suivez la recette de base, en remplaçant les raisins secs par 40 g (1 ½ oz)
de morceaux d'ananas et de mangue séchés.

Cookies à l'avoine, au chocolat et aux noix de macadamia
Suivez la recette de base, en remplaçant les raisins secs par 40 g (1 ½ oz)
de noix de macadamia concassées et grillées.

Variantes

Cookies double chocolat aux noisettes

Recette de base p. 55

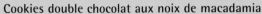

Cookies double chocolat aux noix de macadamia
Suivez la recette de base, en remplaçant les noisettes par 55 g (2 oz) de noix
de macadamia grossièrement concassées.

Cookies double chocolat aux noix du Brésil
Suivez la recette de base, en remplaçant les noisettes par 40 g (1 ½ oz) de
noix du Brésil concassées.

Cookies double chocolat aux cerises
Suivez la recette de base, en remplaçant les noisettes par 55 g (2 oz)
d'amandes effilées et l'arôme de vanille par de l'arôme d'amande amère.
Substituez au chocolat à l'orange 200 g (7 oz) de chocolat au lait.

Cookies double chocolat aux raisins secs
Suivez la recette de base, en remplaçant les noisettes et les pépites
de chocolat noir par 85 g (3 oz) de raisins secs. Substituez au chocolat
à l'orange 200 g (7 oz) de chocolat au lait.

Cookies double chocolat à la noix de coco
Suivez la recette de base, en remplaçant les noisettes par 55 g (2 oz) de noix
de coco râpée et le chocolat à l'orange par 200 g (7 oz) de chocolat au lait.

Variantes

Cookies choco-gingembre

Recette de base p. 56

Cookies aux pépites de chocolat et à la noix de coco
Suivez la recette de base, en remplaçant le gingembre au sirop par
30 g (1 oz) de noix de coco déshydratée.

Cookies aux pépites de chocolat et aux cerises
Suivez la recette de base, en remplaçant le gingembre par 55 g (2 oz) de
cerises séchées.

Cookies aux pépites de chocolat, aux noix de pécan et à l'abricot
Suivez la recette de base, en remplaçant les noisettes par 3 c. à s. d'abricots
secs hachés et par 30 g (1 oz) de noix de pécan grossièrement concassées.

Cookies aux pépites de chocolat et au gingembre, sans gluten
Suivez la recette de base, en remplaçant les farines et la poudre à lever par
des produits équivalents sans gluten, dans les mêmes quantités (p. 10).

Cookies aux pépites de chocolat et au sirop d'érable
Suivez la recette de base, en remplaçant le gingembre par 55 g (2 oz) de noix
de pécan concassées et l'arôme de vanille par 1 c. à s. de sirop d'érable.

Variantes

Sablés viennois au chocolat et au citron

Recette de base p. 59

Sablés viennois au chocolat et à l'orange
Battez 115 g (4 oz) de beurre avec 225 g (8 oz) de sucre à glacer et 2 c. à c. de
zeste d'orange jusqu'à consistance légère et mousseuse. Garnissez les sablés
de ce mélange.

Sablés viennois au chocolat blanc
Suivez la recette de base, en remplaçant le chocolat au lait par 140 g (5 oz)
de chocolat blanc.

Sablés viennois au chocolat et au citron, sans produits laitiers
Suivez la recette de base, en remplaçant le beurre et le chocolat au lait par
des produits équivalents sans lait, dans les mêmes quantités (p. 10).

Sablés viennois de fête
Suivez la recette de base, en remplaçant le chocolat au lait par 115 g (4 oz)
de chocolat blanc. Saupoudrez de vermicelle multicolore avant durcissement
du glaçage.

Cookies aux deux saveurs

Recette de base p. 60

Cookies rayés
Ne roulez pas les pâtes, mais découpez-les chacune en quatre bandes de 18 × 6,5 cm environ. Empilez les bandes, couvrez de film alimentaire et réservez au réfrigérateur. Découpez en tranches fines, puis enfournez.

Cookies marbrés
Ne roulez pas les pâtes, mais travaillez-les en plis irréguliers en les poussant d'avant en arrière. Formez ensuite un rouleau avec le plat de la main.

Cookies aux deux pépites
Suivez la recette de base. Ajoutez 55 g (2 oz) de pépites de chocolat blanc à la pâte à la vanille et 55 g (2 oz) de pépites de chocolat noir à la pâte au chocolat.

Cookies aux deux saveurs, sans gluten
Suivez la recette de base, en remplaçant la farine et le cacao en poudre par des produits équivalents sans gluten, dans les mêmes quantités (p. 10).

Cookies choco-amandes
Suivez la recette de base. Dans la pâte à la vanille, remplacez 55 g (2 oz) de farine par 55 g (2 oz) de poudre d'amandes et l'arôme de vanille par de l'arôme d'amande amère.

Cookies aux framboises et au chocolat blanc

Recette de base p. 63

Cookies aux noix de pécan et au chocolat blanc
Suivez la recette de base, en remplaçant les framboises par 55 g (2 oz)
de noix de pécan grossièrement concassées.

Cookies aux myrtilles et au chocolat blanc
Suivez la recette de base, en remplaçant les framboises par 55 g (2 oz)
de myrtilles séchées.

Cookies aux cerises acides et au chocolat blanc
Suivez la recette de base, en remplaçant les framboises par 55 g (2 oz)
de cerises acides séchées.

Cookies aux canneberges et au chocolat blanc
Suivez la recette de base, en remplaçant les framboises par 55 g (2 oz)
de canneberges séchées.

Cookies aux noix de macadamia et au chocolat blanc
Suivez la recette de base, en remplaçant les framboises par 55 g (2 oz)
de noix de macadamia concassées.

Variantes

Cœurs tendres au chocolat

Recette de base p. 64

Cœurs tendres au chocolat blanc
Suivez la recette de base, en remplaçant le chocolat au lait par 85 g (3 oz) de chocolat blanc.

Cœurs tendres à la menthe
Suivez la recette de base, en remplaçant l'arôme de vanille par ½ c. à c. d'arôme de menthe poivrée et le chocolat au lait par 85 g (3 oz) de chocolat à la menthe.

Cœurs tendres au chocolat et à l'orange
Suivez la recette de base, en remplaçant l'arôme de vanille par ½ c. à c. d'arôme d'orange et en ajoutant 2 c. à c. de zeste d'orange. Remplacez le chocolat au lait par 85 g (3 oz) de chocolat noir à l'orange.

Cœurs tendres au chocolat et au sirop d'érable
Suivez la recette de base, en remplaçant le golden syrup par 1 c. à s. de sirop d'érable. Décorez le cœur des cookies avec une noix de pécan grillée.

Cœurs tendres au café
Suivez la recette de base, en remplaçant l'arôme de vanille par 1 c. à c. d'extrait de café et de chicorée et le chocolat au lait par 85 g (3 oz) de chocolat noir au café.

Variantes

Cookies façon madeleine

Recette de base p. 67

Cookies façon madeleine à l'amande
Suivez la recette de base, en remplaçant la farine de riz par 55 g (2 oz)
de poudre d'amandes.

Cookies façon madeleine à l'orange
Suivez la recette de base, en ajoutant à la pâte 2 c. à c. de zeste d'orange
et en remplaçant le chocolat noir par 115 g (4 oz) de chocolat à l'orange.

Cookies façon madeleine au café
Suivez la recette de base, en ajoutant 1 c. à s. d'extrait de café et de chicorée,
et en remplaçant le chocolat noir par 115 g (4 oz) de chocolat au café.

Cookies façon madeleine au citron
Suivez la recette de base, en ajoutant 2 c. à c. de zeste de citron à la pâte
et en remplaçant le chocolat noir par 115 g (4 oz) de chocolat blanc.

Cookies façon madeleine aux noisettes
Suivez la recette de base, en remplaçant la farine de riz par 55 g (2 oz) de
poudre de noisettes.

Cupcakes
et muffins

Les muffins et les cupcakes (petits gâteaux anglo-

saxons surmontés d'un glaçage très sucré) sont

simples à préparer et rapides à cuire. Dans leurs

moules individuels, ne sont-ils pas irrésistibles ?

Cupcakes à la cerise

Pour 12 cupcakes

Ces petits gâteaux à la coque chocolatée et au cœur crème-cerises concluent avec raffinement un dîner d'été.

225 g (8 oz) de chocolat noir à 60 % de cacao
115 g (4 oz) de beurre doux
4 c. à s. de golden syrup
140 g (5 oz) de flocons de maïs
30 cl de crème 35 %

1 c. à s. sucre à glacer
2 c. à s. de kirsch ou d'eau-de-vie à la cerise
225 g (8 oz) de cerises fraîches, dénoyautées et finement coupées
12 cerises fraîches, pour le décor

Faites fondre le chocolat et le beurre avec le golden syrup au bain-marie jusqu'à homogénéité. Enfermez les flocons de maïs dans un sac en plastique alimentaire et écrasez-les au rouleau. Incorporez-les à la préparation précédente et mélangez bien pour les enrober de chocolat.

Répartissez la préparation dans les alvéoles d'un moule à muffins à revêtement antiadhésif. À l'aide d'une cuillère, étalez le mélange dans le fond et sur les bords de chaque alvéole. Laissez durcir au réfrigérateur.

Dans une jatte, battez la crème avec le sucre à glacer jusqu'à obtention d'une consistance lisse. Ajoutez l'eau-de-vie. Sortez les cupcakes du réfrigérateur. À l'aide d'une spatule, démoulez délicatement les nids en chocolat de leurs alvéoles. Répartissez-y les morceaux de cerises. Garnissez-les d'une cuillerée de crème et terminez par une cerise fraîche. Placez au frais jusqu'au moment de servir. Décorez, si vous le souhaitez, de feuilles de menthe fraîche.

Voir variantes p. 98

Cupcakes au chocolat et à la noix de coco

Pour 24 cupcakes

Noix de coco grillée et chocolat blanc crémeux sont les deux atouts de ces petits délices.

4 œufs
140 g (5 oz) de sucre en poudre
115 g (4 oz) de farine à gâteaux
    (avec levure incorporée)
1 c. à c. de poudre à lever

85 g (3 oz) de noix de coco râpée
115 g (4 oz) de beurre doux, fondu
115 g (4 oz) de chocolat blanc,
    cassé en morceaux
2 c. à s. de noix de coco grillée

Préchauffez le four à 400 °F (200 °C). Disposez des caissettes de papier dans les alvéoles de deux moules à muffins (12 alvéoles chacun).

Dans une jatte, battez les œufs avec le sucre au fouet électrique 2 à 3 min, jusqu'à consistance lisse. Tamisez ensemble la farine et la poudre à lever et ajoutez à la préparation précédente, en soulevant délicatement de bas en haut à l'aide d'une cuillère en métal. Incorporez la noix de coco et le beurre fondu, sans cesser de remuer. Répartissez la pâte dans les caissettes. Enfournez 10 min : les gâteaux doivent être gonflés et bien dorés. Sortez le moule du four et laissez tiédir 5 min. Disposez les gâteaux sur une grille et laissez refroidir.

Faites fondre le chocolat au bain-marie et mélangez jusqu'à obtenir une pâte lisse. À l'aide d'une fourchette, dessinez des stries de chocolat fondu sur les gâteaux et parsemez de noix de coco grillée. Laissez durcir, puis servez.

Voir variantes p. 99

Cupcakes glacés choco-vanille

Pour 24 cupcakes

Ces gâteaux décorés de bonbons sont parfaits pour un anniversaire d'enfant.

3 œufs
175 g (6 oz) de sucre en poudre
175 g (6 oz) de farine à gâteaux (avec levure incorporée)
175 g (6 oz) de beurre doux ou de margarine
   + 225 g (8 oz) ramolli, pour le glaçage

1 c. à c. d'arôme de vanille
125 g (4 ½ oz) de sucre à glacer, tamisé
3 c. à s. de cacao amer en poudre
1 c. à s. de lait
Quelques Smarties, pour le décor

Préchauffez le four à 350 °F (180 °C). Disposez des caissettes de papier dans les alvéoles de deux moules à muffins (12 alvéoles chacun).

Dans une jatte, battez les œufs, le sucre, la farine, 175 g (6 oz) de beurre (ou de margarine) et l'arôme de vanille au fouet électrique 3 à 4 min, jusqu'à homogénéité. Répartissez la pâte dans les caissettes. Enfournez 15 min : les gâteaux doivent être gonflés et dorés. Sortez les gâteaux du four et laissez tiédir 5 min. Disposez-les sur une grille et laissez refroidir complètement.

Dans une autre jatte, battez 225 g (8 oz) de beurre, le sucre à glacer tamisé, le cacao et le lait pour obtenir une texture lisse. Déposez, à l'aide d'une poche à douille munie d'un embout denté, un tourbillon de glaçage sur chaque gâteau. Décorez le dessus de quelques Smarties.

Les cupcakes se conservent 2 jours dans un récipient hermétique.

Voir variantes p. 100

Cupcakes au café

Pour 24 cupcakes

Après les avoir recouverts de leur nappage appétissant, saurez-vous attendre pour déguster ces cupcakes ?

3 œufs
175 g (6 oz) de sucre en poudre
140 g (5 oz) de farine à gâteaux
    (avec levure incorporée)
30 g (1 oz) de cacao amer en poudre
175 g (6 oz) de beurre doux ou de margarine

85 g (3 oz) de pépites de chocolat noir
1 c. à s. de lait
115 g (4 oz) de pépites de chocolat blanc
2 ½ c. à s. de café fort, froid
115 g (4 oz) de sucre à glacer, tamisé
3 c. à s. de vermicelle au chocolat

Préchauffez le four à 350 °F (175 °C). Disposez des caissettes de papier dans les alvéoles de deux moules à muffins (12 alvéoles chacun).

Dans une jatte, battez les œufs, le sucre, la farine, le cacao, le beurre, les pépites de chocolat noir et le lait au fouet électrique 3 à 4 min, jusqu'à consistance lisse. Répartissez le mélange dans les caissettes. Enfournez 15 min : les gâteaux doivent être gonflés et dorés. Sortez les moules du four et laissez tiédir 5 min. Disposez les gâteaux sur une grille et laissez refroidir complètement.

Faites fondre les pépites de chocolat blanc avec le café au bain-marie. Hors du feu, incorporez le sucre à glacer. Nappez les gâteaux de ce glaçage et saupoudrez de vermicelle au chocolat.

Les cupcakes se conservent 4 jours dans un récipient hermétique.

Voir variantes p. 101

Cupcakes à la framboise et au chocolat blanc

Pour 24 cupcakes

Ces gâteaux associent le goût acidulé des framboises à l'onctuosité du chocolat blanc.

3 œufs
175 g (6 oz) de sucre en poudre
175 g (6 oz) de farine à gâteaux
    (avec levure incorporée)
175 g (6 oz) de beurre doux ou de margarine
115 g (4 oz) de framboises fraîches

115 g (4 oz) de pépites de chocolat blanc
30 cl de crème 35 %
2 c. à s. de sucre à glacer
1 c. à c. d'arôme de vanille
12 framboises fraîches, pour le décor
Feuilles de menthe fraîche, pour le décor

Préchauffez le four à 350 °F (175 °C). Disposez des caissettes de papier dans les alvéoles de deux moules à muffins (12 alvéoles chacun). Dans une jatte, battez les œufs, le sucre, la farine et le beurre au fouet électrique 3 à 4 min, jusqu'à consistance lisse. Ajoutez les framboises et les pépites de chocolat, puis mélangez délicatement. Répartissez la préparation dans les alvéoles. Enfournez 15 min : les gâteaux doivent être gonflés et bien dorés. Sortez les moules du four et laissez tiédir 5 min. Disposez les gâteaux sur une grille et laissez refroidir complètement.

Battez la crème avec le sucre à glacer et la vanille au fouet électrique jusqu'à obtention d'un mélange ferme. Nappez les gâteaux de ce glaçage. Décorez d'une framboise et d'une feuille de menthe fraîche. Consommez de préférence le jour même. Les gâteaux, sans leur nappage, se conservent 3 jours dans un récipient hermétique.

Voir variantes p. 102

Muffins au trio de chocolats

Pour 20 muffins

Les muffins sont moins sucrés et moins gras que les cupcakes. La pâte, mélangée jusqu'à homogénéité parfaite, gonfle à la cuisson : remplissez les caissettes aux deux tiers.

140 g (5 oz) de chocolat noir à 60 % de cacao
375 g (13 oz) de farine à gâteaux (avec levure
    incorporée)
1 c. à s. de poudre à lever
55 g (2 oz) de cacao amer en poudre
85 g (3 oz) de sucre en poudre
2 œufs

2 c. à c. d'arôme de vanille
6 c. à s. d'huile de tournesol
40 cl de lait
140 g (5 oz) de chocolat au lait,
    grossièrement concassé
140 g (5 oz) de chocolat blanc,
    grossièrement concassé

Préchauffez le four à 400 °F (200 C°). Disposez 20 caissettes de papier dans les alvéoles de deux moules à muffins.
Faites fondre le chocolat noir au bain-marie. Dans une jatte, tamisez ensemble la farine, la poudre à lever et le cacao, puis ajoutez le sucre. Dans une autre jatte, battez les œufs avec l'arôme de vanille, l'huile et le lait. Incorporez le chocolat fondu. Versez cette préparation sur les ingrédients tamisés et mélangez, puis ajoutez les morceaux de chocolats au lait et blanc. Ne battez pas la pâte, mélangez simplement jusqu'à homogénéité.

Répartissez la pâte dans les caissettes. Enfournez 20 à 25 min : les gâteaux doivent être gonflés et dorés. Sortez les moules du four et déposez les muffins sur une grille. Saupoudrez de sucre à glacer juste avant de servir. Servez les muffins chauds ou froids.
Les muffins se conservent 4 jours dans un récipient hermétique et peuvent être congelés.

Voir variantes p. 103

Muffins façon cheesecake

Pour 16 muffins

Ces muffins, qui empruntent les ingrédients du cheesecake, sont à tester d'urgence !

200 g (7 oz) de farine à gâteaux
    (avec levure incorporée), tamisée
225 g (8 oz) de sucre en poudre
55 g (2 oz) de cacao amer en poudre
1 c. à s. de poudre à lever
25 cl de babeurre ou de lait fermenté
4 c. à s. d'huile végétale

55 g (2 oz) de beurre doux, fondu
2 œufs
1 c. à c. d'arôme de vanille
85 g (3 oz) de pépites de chocolat noir
200 g (7 oz) de fromage cottage à 20 % M. G.
55 g (2 oz) d'amandes effilées

Préchauffez le four à 375 °F (190 °C). Disposez 16 caissettes de papier dans les alvéoles de moules à muffins.

Dans une autre jatte, battez le babeurre (ou le lait fermenté), l'huile, le beurre, 1 œuf et ½ c. à c. d'arôme de vanille. Ajoutez la farine, 150 g (5 ½ oz) de sucre, le cacao et la poudre à lever, et mélangez délicatement. Ajoutez les pépites de chocolat et répartissez dans les caissettes.

Battez le fromage cottage, le reste de sucre, 1 œuf et ½ c. à c. d'arôme de vanille jusqu'à homogénéité, puis ajoutez les amandes effilées. Versez la pâte sur la préparation au chocolat. À l'aide d'une spatule, mélangez légèrement les deux pâtes. Enfournez 20 à 25 min. Piquez le cœur d'un gâteau avec la pointe d'un couteau : elle doit ressortir sèche. Sortez les moules du four, déposez les muffins sur une grille et laissez refroidir complètement. Les muffins se conservent au frais 4 jours dans un récipient hermétique.

Voir variantes p. 104

Muffins noix-banane

Pour 15 muffins

Cette délicieuse recette vous permet d'accommoder des bananes bien mûres.

55 g (2 oz) de beurre doux
175 g (6 oz) de sucre en poudre
1 œuf
2 bananes bien mûres, écrasées
280 g (10 oz) de farine à gâteaux
   (avec levure incorporée)

2 c. à c. de poudre à lever
200 g (7 oz) de noix concassées
85 g (3 oz) de pépites de chocolat noir
12 cl de babeurre ou de lait fermenté

Préchauffez le four à 350 °F (175 °C). Disposez 15 caissettes de papier dans les alvéoles de moules à muffins.

Dans une jatte, battez le beurre avec le sucre jusqu'à consistance lisse. Ajoutez les œufs et les bananes écrasées, sans cesser de battre.

Dans une autre jatte, mélangez délicatement la farine, la poudre à lever, les noix et les pépites de chocolat. Battez ensemble les deux préparations, puis ajoutez le babeurre (ou le lait fermenté). Répartissez la pâte dans les caissettes. Enfournez 20 min : les gâteaux doivent être bien gonflés. Piquez le cœur d'un gâteau avec la pointe d'un couteau : elle doit ressortir sèche. Sortez les moules du four, déposez les muffins sur une grille et laissez refroidir complètement.

Les muffins se conservent 4 jours dans un récipient hermétique.

Voir variantes p. 105

Muffins orange-mandarine

Pour 10 muffins

Préférez le jus d'orange fraîchement pressé, le glaçage aura ainsi une jolie couleur orangée.

225 g (8 oz) de farine à gâteaux (avec levure incorporée)
1 c. à c. de poudre à lever
½ c. à c. de cannelle, moulue
1 c. à s. de zeste d'orange
115 g (4 oz) de sucre en poudre
  + 3 c. à s., pour le sirop
60 g (2 oz) de beurre doux, fondu
1 œuf

5 c. à s. de lait
4 mandarines ou 300 g (11 oz) de quartiers
  de mandarine au sirop
1 c. à c. de cannelle moulue, pour le sirop
85 g (3 oz) de pépites de chocolat noir
115 g (4 oz) de sucre à glacer
3 c. à s. de jus d'orange
1 barre de céréales au chocolat, pour le décor

Préchauffez le four à 350 °F (175 °C). Disposez 10 caissettes de papier dans les alvéoles de moules à muffins. Dans une jatte, mélangez délicatement la farine, la poudre à lever, la cannelle, le zeste d'orange et le sucre. Dans une autre jatte, battez le beurre et les œufs avec le lait. Versez ce mélange sur la première préparation et remuez jusqu'à homogénéité. Préparez les quartiers de mandarine au sirop (p. 22). Coupez-les grossièrement. Ajoutez les quartiers de mandarine et les pépites de chocolat à la préparation précédente, puis répartissez dans les caissettes. Enfournez 20 à 25 min : les gâteaux doivent être bien gonflés. Piquez-en le cœur avec la pointe d'un couteau : elle doit ressortir sèche. Sortez du four et laissez tiédir 10 min. Délayez le sucre à glacer dans le jus d'orange jusqu'à homogénéité. Nappez les muffins de ce glaçage et saupoudrez de la barre au chocolat émiettée. Déposez les gâteaux sur une grille et laissez durcir le glaçage.
Les muffins se conservent 4 jours dans un récipient hermétique.

Voir variantes p. 106

Muffins aux fruits des bois

Pour 20 muffins

Des muffins au goût subtilement fruité et parfumé... Impossible d'y résister !

3 œufs
25 cl d'huile végétale
340 g (12 oz) de sucre en poudre
225 g (8 oz) de fruits des bois surgelés,
    préalablement décongelés, avec leur jus

115 g (4 oz) de pépites de chocolat blanc
455 g (1 lb) de farine à gâteaux (avec levure incorporée)
2 c. à c. de poudre à lever
175 g (6 oz) de chocolat blanc
Pétales de rose ou de violette confits, pour le décor

Préchauffez le four à 350 °F (175 °C). Disposez 20 caissettes de papier dans les alvéoles de moules à muffins.

Dans une jatte, battez délicatement les œufs, l'huile, le sucre, la moitié des fruits avec leur jus et les pépites de chocolat. Incorporez peu à peu la farine et la poudre à lever, en alternant avec le reste des fruits et du jus. Si la pâte est trop liquide, ajoutez quelques c. à s. de farine. Répartissez la pâte dans les caissettes. Enfournez 20 à 25 min : les gâteaux doivent être bien gonflés. Piquez-en le cœur avec la pointe d'un couteau : elle doit ressortir sèche. Sortez les moules du four. Déposez les muffins sur une grille et laissez refroidir complètement.

Faites fondre le chocolat blanc au bain-marie. Nappez les muffins de ce glaçage, en le laissant couler sur les bords. Décorez de quelques pétales de rose ou de violette confits. Laissez durcir.

Les muffins se conservent 4 jours dans un récipient hermétique.

Voir variantes p. 107

Cupcakes à la cerise

Recette de base p. 79

Cupcakes à la framboise
Suivez la recette de base, en remplaçant les cerises par 225 g (8 oz) de framboises fraîches.

Cupcakes à la fraise
Suivez la recette de base, en remplaçant les cerises par 225 g (8 oz) de fraises fraîches.

Cupcakes au kiwi
Suivez la recette de base, en remplaçant les cerises par 3 kiwis pelés et coupés en morceaux.

Cupcakes au rhum et aux raisins secs
Suivez la recette de base, en remplaçant les cerises et le kirsch par 85 g (3 oz) de gros raisins secs trempés dans 4 c. à s. de rhum.

Cupcakes au fruit de la Passion
Suivez la recette de base, en remplaçant le chocolat noir, les cerises et le kirsch par 225 g (8 oz) de chocolat blanc et 4 fruits de la Passion épépinés, dont vous mélangerez délicatement la pulpe à la crème fouettée.

Variantes

Cupcakes au chocolat et à la noix de coco

Recette de base p. 81

Cupcakes au chocolat, à la noix de coco et aux framboises
Suivez la recette de base. Remplissez les moules à mi-hauteur, déposez
une framboise au centre, puis complétez par le reste de pâte.

Cupcakes glacés au chocolat au lait
Suivez la recette de base. Remplissez les moules à mi-hauteur, déposez
un carré de chocolat au lait au centre, puis complétez par le reste de pâte.
Battez 115 g (4 oz) de beurre doux, 225 g (8 oz) de sucre à glacer et ½ c. à c.
d'arôme de vanille. Nappez les gâteaux d'un peu de glaçage en formant un
tourbillon, puis saupoudrez de noix de coco.

Cupcakes choco-amande
Suivez la recette de base, en remplaçant la noix de coco par 85 g (3 oz)
de poudre d'amandes et ½ c. à c. d'arôme d'amande amère.

Cupcakes de Pâques
Suivez la recette de base, en supprimant les morceaux de chocolat blanc
et la noix de coco. Battez 115 g (4 oz) de beurre doux avec 225 g (8 oz) de
sucre à glacer et 2 c. à s. de cacao amer en poudre. À l'aide d'une poche
à douille, décorez les gâteaux de ce glaçage, en formant un tourbillon.
Parsemez de petits œufs de Pâques en chocolat.

Cupcakes choco-vanille

Recette de base p. 82

Cupcakes choco-vanille aux pépites de chocolat
Suivez la recette de base, en ajoutant 55 g (2 oz) de pépites de chocolat au lait à la pâte.

Cupcakes à la vanille, glacés au chocolat et au caramel
Suivez la recette de base, en remplaçant les Smarties par des éclats de caramel mou. Déposez 1 c. à c. de coulis de caramel sur chaque gâteau.

Cupcakes au café, glacés au chocolat
Suivez la recette de base, en remplaçant l'arôme de vanille par 1 c. à s. d'extrait de café et de chicorée et les Smarties par du chocolat noir râpé.

Cupcakes à l'orange, glacés au chocolat
Suivez la recette de base, en remplaçant l'arôme de vanille par 3 c. à s. de marmelade d'orange. Ajoutez au glaçage 2 c. à c. de zeste d'orange et 1 c. à c. d'arôme d'orange.

Cupcakes d'Halloween
Suivez la recette de base, en ajoutant à la pâte et au glaçage quelques gouttes de colorant alimentaire orange. Étalez 55 g (2 oz) de glaçage à l'orange en une couche épaisse et découpez au couteau des formes évoquant Halloween. Décorez-en les gâteaux.

Variantes

Cupcakes au café

Recette de base p. 85

Cupcakes au café et au chocolat noir
Suivez la recette de base, en remplaçant le chocolat blanc par 115 g (4 oz)
de chocolat noir à 60 % de cacao.

Cupcakes café-crème
Suivez la recette de base, en remplaçant le chocolat blanc par 115 g (4 oz)
de chocolat au lait.

Cupcakes au café, sans gluten
Suivez la recette de base, en remplaçant la farine à gâteaux et le cacao
amer en poudre par des produits équivalents sans gluten, dans les mêmes
quantités (p. 10).

Cupcakes aux raisins et aux noix de macadamia
Suivez la recette de base, en remplaçant les pépites de chocolat noir par
55 g (2 oz) de raisins secs et 55 g (2 oz) de noix de macadamia concassées.

Cupcakes au café et aux amandes
Suivez la recette de base, en remplaçant les pépites de chocolat noir par
85 g (3 oz) d'amandes grillées concassées.

Cupcakes à la framboise et au chocolat blanc

Recette de base p. 86

Cupcakes à la mûre et au chocolat blanc
Suivez la recette de base, en remplaçant les framboises par 115 g (4 oz) de mûres fraîches, éparpillées sur le nappage.

Cupcakes à la cerise et au chocolat blanc
Suivez la recette de base, en remplaçant les framboises par 115 g (4 oz) de cerises déshydratées, éparpillées sur le nappage.

Cupcakes à la myrtille et au chocolat blanc
Suivez la recette de base, en remplaçant les framboises par 115 g (4 oz) de myrtilles déshydratées, éparpillées sur le nappage.

Cupcakes aux fruits noirs
Suivez la recette de base, en remplaçant les framboises par 115 g (4 oz) de fruits des bois surgelés de couleur noire. Laissez décongeler les fruits avant utilisation et ajoutez leur jus à la préparation.

Cupcakes à la banane et au chocolat blanc
Suivez la recette de base, en remplaçant les framboises par 115 g (4 oz) de bananes écrasées, déposées sur le nappage.

Variantes

Muffins au trio de chocolats

Recette de base p. 89

Muffins au trio de chocolats et à l'orange
Suivez la recette de base, en ajoutant 1 c. à s. de zeste d'orange et 1 c. à c. d'arôme d'orange.

Muffins au trio de chocolats et aux noisettes
Suivez la recette de base, en remplaçant 55 g (2 oz) de chocolat blanc par 55 g (2 oz) de noisettes concassées et grillées.

Muffins au trio de chocolats et aux noix de pécan
Suivez la recette de base, en remplaçant 55 g (2 oz) de chocolat blanc par 55 g (2 oz) de noix de pécan concassées et grillées.

Muffins au trio de chocolats et à l'orange, sans gluten
Suivez la recette de base, en remplaçant la farine à gâteaux, la poudre à lever et le caco amer en poudre par des produits équivalents sans gluten, dans les mêmes quantités (p 10).

Muffins au trio de chocolats, glacés au Kahlua
Suivez la recette de base. Battez 115 g (4 oz) de beurre ramolli avec 225 g (8 oz) de sucre à glacer, 1 c. à s. de zeste d'orange et 2 c. à s. de Kahlua. Nappez les gâteaux complètement refroidis de ce glaçage en formant un tourbillon.

Variantes

Muffins façon cheesecake

Recette de base p. 90

Muffins façon cheesecake à l'orange
Suivez la recette de base, en remplaçant l'arôme de vanille par 1 c. à c.
d'arôme d'orange. Ajoutez 1 c. à s. de zeste d'orange.

Muffins façon cheesecake au citron
Suivez la recette de base, en remplaçant l'arôme de vanille par 1 c. à c.
d'arôme de citron. Ajoutez 1 c. à s. de zeste de citron.

Muffins façon cheesecake au citron vert
Suivez la recette de base, en remplaçant l'arôme de vanille par le zeste
et le jus de 1 citron vert.

Muffins façon cheesecake à la banane
Suivez la recette de base, en remplaçant les amandes effilées par 55 g (2 oz)
de chips de banane au miel, écrasées en petits morceaux.

Muffins façon cheesecake aux noisettes
Suivez la recette de base. Nappez le gâteau de 2 c. à c. de pâte à tartiner
au chocolat et saupoudrez de 1 c. à c. de noisettes grillées concassées.

Variantes

Muffins noix-banane

Recette de base p. 93

Muffins noix de pécan et bananes
Suivez la recette de base, en remplaçant les noix par 200 g (7 oz) de noix
de pécan concassées.

Muffins cacahuètes et bananes
Suivez la recette de base, en remplaçant les noix par 200 g (7 oz)
de cacahuètes mondées et concassées.

Muffins noix de macadamia et bananes
Suivez la recette de base, en remplaçant les noix par 200 g (7 oz) de noix
de macadamia concassées.

Muffins noix du Brésil et bananes
Suivez la recette de base, en remplaçant les noix par 200 g (7 oz) de noix
du Brésil concassées.

Muffins noix de cajou et bananes
Suivez la recette de base, en remplaçant les noix par 200 g (7 oz) de noix
de cajou non salées concassées.

Muffins orange-mandarine

Recette de base p. 94

Muffins orange-pêche
Suivez la recette de base, en remplaçant les madarines par 200 g (7 oz) de quartiers de pêche finement coupés.

Muffins orange-abricot
Suivez la recette de base, en remplaçant les madarines par 200 g (7 oz) d'oreillons d'abricot finement coupés.

Muffins orange-framboise
Suivez la recette de base, en remplaçant les madarines par 200 g (7 oz) de framboises fraîches.

Muffins orange-fruit de la Passion
Suivez la recette de base. Supprimez 1 c. à s. de jus d'orange et ajoutez 2 c. à s. de pépins de fruits de la Passion à la préparation du glaçage. Supprimez la barre au chocolat émiettée.

Muffins orange-citron vert
Suivez la recette de base, en remplaçant le jus d'orange par la même quantité de jus de citron vert. Supprimez la barre au chocolat émiettée et décorez du zeste de citron vert.

Variantes

Muffins aux fruits des bois

Recette de base p. 97

Muffins au chocolat et aux framboises
Suivez la recette de base, en remplaçant les fruits surgelés par 225 g (8 oz) de framboises surgelées. Ajoutez 2 c. à c. d'arôme de vanille à la pâte.

Muffins au chocolat et à la fraise
Suivez la recette de base, en remplaçant les fruits surgelés par 225 g (8 oz) de fraises surgelées. Ajoutez 2 c. à c. d'arôme de vanille à la pâte.

Muffins au chocolat et aux cerises
Suivez la recette de base, en remplaçant les fruits surgelés par 225 g (8 oz) de bigarreaux ou de cerises noires surgelées. Ajoutez 2 c. à c. d'arôme de vanille à la pâte.

Muffins au chocolat et aux fruits des bois
Suivez la recette de base, en remplaçant les fruits surgelés par 225 g (8 oz) de fruits des bois surgelés. Ajoutez 2 c. à c. d'arôme de vanille à la pâte.

Muffins au chocolat et aux mûres
Suivez la recette de base, en remplaçant les fruits surgelés par 225 g (8 oz) de mûres surgelées. Ajoutez 2 c. à c. d'arôme de vanille à la pâte.

Bouchées et mignardises

Ces petits délices se dégustent accompagnés de café ou de thé, à la fin du repas. Plutôt qu'un gros gâteau, faites plusieurs sortes de mignardises : vos invités, sans exception, succomberont à la tentation et n'en feront qu'une bouchée !

Brownies aigres-doux aux noix de pécan

Pour 10 parts de brownie

La saveur aigre-douce de ces délicieux brownies réveille les papilles !

225 g (8 oz) de chocolat noir à 60 % de cacao
140 g (5 oz) de beurre doux + 10 g (⅓ oz)
    pour le moule
2 œufs
140 g (5 oz) de sucre en poudre
Quelques gouttes d'arôme de vanille

55 g (2 oz) de farine à gâteaux
    (avec levure incorporée)
115 g (4 oz) de noix de pécan, concassées
115 g (4 oz) de chocolat blanc, cassé en morceaux
6 cl de crème sure

Préchauffez le four à 375 °F (190 °C) Beurrez un moule carré de 20 cm de côté. Faites fondre 115 g (4 oz) de chocolat noir avec le beurre au bain-marie, puis retirez du feu. Réservez.

Dans une jatte, battez les œufs avec le sucre et l'arôme de vanille, puis incorporez au chocolat fondu. Ajoutez la farine, les noix de pécan et le chocolat blanc, puis mélangez jusqu'à homogénéité. Versez la préparation dans le moule et enfournez 30 min : le centre du gâteau doit être ferme au toucher. Posez le moule sur une grille et laissez refroidir.

Faites fondre le reste de chocolat noir au bain-marie. Hors du feu, incorporez la crème sure, jusqu'à consistance lisse. Nappez le gâteau de ce glaçage et laissez durcir au réfrigérateur. Découpez le brownie en 10 parts, puis servez.
Les brownies se conservent 4 jours au réfrigérateur, dans un récipient hermétique.

Voir variantes p. 128

Lingots choco-caramel

Pour 15 à 18 lingots

Une couche de sablé, une couche de caramel fondant, le tout nappé de chocolat. Voici le secret dévoilé d'une recette riche... en bonnes choses !

280 g (10 oz) de farine tamisée
30 g (1 oz) de fécule de maïs
225 g (8 oz) de beurre doux, coupé en cubes
    pour la préparation du sablé
    + 200 g (7 oz) pour le caramel

115 g (4 oz) de sucre en poudre
200 g (7 oz) de cassonade
300 g (14 oz) de lait concentré sucré
225 g (8 oz) de chocolat noir à 60 %
    de cacao ou de chocolat au lait

Préchauffez le four à 325 °F (160 °C). Dans la cuve d'un robot ménager, mélangez la farine, la fécule de maïs, 225 g (8 oz) de beurre et le sucre pour obtenir une pâte à l'aspect granuleux. Versez dans un moule de 30 × 20 cm et tassez avec le dos d'une cuillère. Piquez à la fourchette et enfournez 35 à 40 min : le biscuit doit être légèrement doré. Posez le moule sur une grille et laissez tiédir.

Dans une casserole, faites fondre à feu doux 200 g (7 oz) de beurre avec la cassonade. Ajoutez le lait concentré sucré. Portez lentement à ébullition, puis mélangez sans cesser de remuer 3 à 4 min, jusqu'à obtention d'un caramel clair. Versez-le sur le biscuit et lissez avec le dos d'une cuillère en bois. Réservez 1 h au réfrigérateur. Faites fondre le chocolat au bain-marie, puis étalez-le sur le caramel. Réservez de nouveau 1 h au réfrigérateur, jusqu'à fixation.

Juste avant de servir, découpez le gâteau en 15 à 18 tranches à l'aide d'un couteau sans dents bien aiguisé.

Voir variantes p. 129

Bouchées au chocolat et au gingembre

Pour 15 bouchées

Ces bouchées consistantes et équilibrées sont la collation idéale des longues matinées. Préparées en un clin d'œil, elles s'emportent partout et se conservent quelques jours.

280 g (10 oz) de beurre doux + 10 g (⅓ oz) pour le moule
115 g (4 oz) de cassonade
225 g (8 oz) de golden syrup (dans les grandes surfaces et les épiceries fines)

450 g (1 lb) de flocons d'avoine
½ c. à c. de gingembre moulu
55 g (2 oz) de pépites de chocolat au lait
55 g (2 oz) de gingembre confit, coupé en morceaux

Préchauffez le four à 400 °F (200 °C).

Beurrez un moule de 30 × 20 cm, puis tapissez le fond de papier sulfurisé.

Dans une casserole, faites fondre à feu doux le beurre avec la cassonade et le golden syrup. Ajoutez les autres ingrédients, mélangez puis étalez cette préparation dans le moule. Tassez avec le dos d'une cuillère en bois et enfournez 15 min.

Posez le moule sur une grille et laissez tiédir 5 min. Découpez le gâteau en 15 parts et servez.

Les bouchées se conservent 3 jours dans un récipient hermétique. Cette recette ne se prête pas à la congélation.

Voir variantes p. 130

Bouchées à la guimauve

Pour 10 bouchées

Ces bouchées peuvent être composées d'une infinie combinaison de confiseries.
Une recette astucieuse pour utiliser les restes du garde-manger !

115 g (4 oz) de chocolat noir à 60 % de cacao
1 c. à s. de golden syrup (dans les grandes surfaces et les
   épiceries fines)
115 g (4 oz) de beurre doux + 10 g (⅓ oz) pour le moule
2 c. à s. de crème 35 %

12 biscuits digestifs ou sablés
85 g (3 oz) de guimauve, coupée en petits
   morceaux
3 c. à s. de cerises confites, coupées en deux
55 g (2 oz) de noix concassées

Beurrez un moule carré de 20 cm de côté.

Faites fondre le chocolat avec le golden syrup et le beurre au bain-marie. Hors du feu,
incorporez la crème. Laissez refroidir 5 min.

Émiettez les biscuits digestifs et ajoutez-les à la première préparation. Incorporez les morceaux
de guimauve, les cerises et les noix. Étalez le mélange dans le moule et laissez durcir 10 min.

Prédécoupez le gâteau en carrés, puis réservez 1 h au réfrigérateur.

Les bouchées se conservent 4 jours au réfrigérateur. Cette recette ne se prête pas à la congélation.

Voir variantes p. 131

Pavés aux fruits

Pour 12 parts

Ces délicieux pavés, vêtus de noir et de blanc, ne nécessitent pas de cuisson. Découpez-les en cubes et placez-les dans des caissettes en papier. Ils seront du plus bel effet.

325 g (12 oz) de biscuits sablés
55 g (2 oz) d'abricots secs
30 g (1 oz) de pistaches
30 g (1 oz) d'amandes effilées grillées
3 c. à s. de cerises confites
30 g (1 oz) de gingembre confit

12 cl de jus d'orange
1 c. à c. d'arôme de vanille
200 g (7 oz) de chocolat blanc
175 g (6 oz) de beurre doux
55 g (2 oz) de chocolat noir à 60 % de cacao

Tapissez de film alimentaire un moule à manqué de 20 cm de diamètre. Dans une jatte, émiettez finement les biscuits sablés. Ajoutez les abricots et les pistaches hachés grossièrement, ainsi que les amandes effilées, puis mélangez délicatement. Incorporez les cerises confites et le gingembre hachés, puis versez le jus d'orange et l'arôme de vanille. Faites fondre 160 g (5 ½ oz) de chocolat blanc au bain-marie, puis incorporez le beurre et laissez fondre. Mélangez à la première préparation jusqu'à homogénéité. Étalez le mélange obtenu dans le moule et réservez 4 h au réfrigérateur.
Faites fondre le chocolat noir au bain-marie. Versez à l'aide d'une fourchette sur le gâteau. Faites fondre le reste de chocolat blanc au bain-marie et répétez l'opération. Laissez durcir au frais. Démoulez juste avant de servir en décollant soigneusement le film alimentaire, et découpez en 12 parts.
Les pavés se conservent 3 jours au réfrigérateur, dans un récipient hermétique. Cette recette ne se prête pas à la congélation.

Voir variantes p. 132

Bouchées du diable

Pour 10 bouchées

On succombe (sans remords) à la tentation de ce gâteau spongieux et onctueux.

140 g (5 oz) de beurre doux + 10 g (⅓ oz) pour le moule
400 g (14 oz) de sucre brun
4 œufs
455 g (1 lb) de farine à gâteaux (avec levure incorporée)
85 g (3 oz) de cacao amer en poudre
285 ml de lait

2 c. à c. d'arôme de vanille
1 blanc d'œuf
175 g (6 oz) de sucre en poudre
1 pincée de crème de tartre (en pharmacie)
1 pincée de sel
2 c. à s. d'eau

Préchauffez le four à 350 °F (175 °C). Beurrez un moule carré de 20 cm de côté et tapissez de papier sulfurisé. Dans une jatte, battez le beurre avec le sucre brun jusqu'à consistance crémeuse. Dans une autre jatte, battez les œufs, puis incorporez-les, cuillérée par cuillérée, au premier mélange, sans cesser de battre. Ajoutez la farine et le cacao tamisés et remuez en soulevant la pâte de bas en haut. Versez progressivement le lait et l'arôme de vanille sans cesser de remuer. Étalez la préparation dans le moule et lissez la surface. Enfournez 1 h. Enfoncez la pointe d'un couteau au centre du gâteau : elle doit ressortir sèche. Déposez le moule sur une grille et laissez tiédir 10 min. Démoulez le gâteau sur la grille et laissez refroidir complètement. Battez le reste des ingrédients au fouet électrique 7 à 8 min, jusqu'à consistance ferme. Découpez le gâteau en deux disques de même épaisseur. Nappez un premier disque de la moitié de la crème, puis recouvrez de l'autre disque. Étalez le reste de la crème sur le dessus du gâteau à l'aide d'une fourchette. Découpez en 10 parts et servez.

Les bouchées se conservent 2 jours dans un récipient hermétique.

Voir variantes p. 133

Barres énergétiques

Pour 24 barres

Fruits secs et pépites de chocolat font de ces barres un concentré d'énergie.

300 g (10 oz) de beurre doux + 10 g (⅓ oz) pour le moule
225 g (8 oz) de cassonade
225 g (8 oz) de golden syrup (dans les grandes surfaces et les épiceries fines)
55 g (2 oz) de raisins secs
450 g (1 lb) de flocons d'avoine

1 c. à c. de cannelle moulue
400 g (14 oz) de lait concentré sucré
55 g (2 oz) de pépites de chocolat au lait
55 g (2 oz) de pépites de chocolat blanc
55 g (2 oz) de graines de potiron
55 g (2 oz) de graines de tournesol

Préchauffez le four à 400 °F (200 °C). Beurrez un moule de 30 × 20 cm et tapissez le fond de papier sulfurisé.

Faites fondre à feu doux 280 g (10 oz) de beurre avec 115 g (4 oz) de cassonade et le golden syrup. Ajoutez les raisins, les flocons d'avoine et la cannelle, puis mélangez jusqu'à homogénéité. Versez lapréparation dans le moule et tassez avec le dos d'une cuillère en bois. Enfournez 15 min : le gâteau doit être légèrement doré. Faites fondre le reste de beurre avec le reste de cassonade. Incorporez le lait concentré sucré et portez lentement à ébullition, sans cesser de remuer. Dès que le mélange s'épaissit, retirez la casserole du feu et étalez la préparation sur le gâteau. Parsemez des pépites de chocolat, des graines de potiron et de tournesol et laissez durcir 1 h.

Découpez en 24 barres avec un couteau sans dents bien aiguisé.

Voir variantes p. 134

Mignardises choco-framboises

Pour 16 mignardises

Ces petits délices associent des framboises fraîches acidulées et juteuses à un nappage croustillant aux noix de pécan.

400 g (14 oz) de farine
255 g (9 oz) de sucre en poudre
55 g (2 oz) de cacao amer en poudre
3 c. à c. de poudre à lever
85 g (3 oz) de beurre doux + 10 g (⅓ oz)
    pour le moule

2 œufs
175 ml de lait
115 g (4 oz) de framboises, grossièrement écrasées
115 g (4 oz) de noix de pécan, concassées
Le zeste de 2 oranges

Préchauffez le four à 350 °F (175 °C). Beurrez un moule de 30 × 20 cm et tapissez le fond de papier sulfurisé.

Mélangez la farine, 200 g (7 oz) de sucre, le cacao et la levure chimique. Faites fondre 55 g (2 oz) de beurre au bain-marie, puis incorporez les œufs et le lait. Versez le mélange obtenu sur la première préparation. Mélangez délicatement, sans battre la pâte, jusqu'à consistance lisse. Ajoutez les framboises, les noix de pécan et le zeste d'orange. Versez la pâte dans le moule. Mélangez la farine, le sucre et le beurre restants avec vos doigts pour former de petites boules. Saupoudrez-les sur le gâteau.

Enfournez 40 min. Enfoncez la pointe d'un couteau au centre du gâteau : elle doit ressortir sèche. Déposez le moule sur une grille et laissez tiédir. Découpez en 16 parts juste avant de servir.

Les mignardises se conservent 2 jours dans un récipient hermétique.

Voir variantes p. 135

Brownies façon cheesecake

Pour 10 brownies

Un mélange de saveurs, de textures et de couleurs pour le plaisir des yeux et du palais.

175 g (6 oz) de chocolat noir à 60 % de cacao
255 g (9 oz) de beurre doux
   + 10 g (⅓ oz) pour le moule
4 œufs
230 g (8 oz) de sucre en poudre
65 g (2 ½ oz) de farine classique

110 g (4 oz) de farine à gâteaux (avec levure
   incorporée) + 2 c. à s.
½ c. à c. d'arôme d'amande amère
200 g (7 oz) de fromage cottage à 20 % de M. G.
2 c. à s. de sirop d'érable
55 g (2 oz) de noix, concassées

Préchauffez le four à 350 °F (175 °C). Beurrez un plat carré de 20 cm de côté.

Faites fondre le chocolat avec 55 g (2 oz) de beurre au bain-marie, puis réservez. Dans une jatte, battez 2 œufs avec 175 g (6 oz) de sucre jusqu'à obtention d'une texture lisse et crémeuse. Ajoutez la farine classique, 110 g (4 oz) de farine à gâteaux, l'arôme d'amande amère et le chocolat fondu, sans cesser de battre. Versez la moitié de la préparation dans le moule.

Dans une autre jatte, battez 200 g (7 oz) de beurre, le fromage cottage, le reste de sucre, le sirop d'érable, 2 œufs et 2 c. à s. de farine à gâteaux. Versez dans le moule, puis recouvrez de la seconde moitié de la première préparation, en étalant bien. Parsemez de noix concassées et enfournez 30 min. Déposez le moule sur une grille et laissez tiédir. Découpez en carrés avant de servir.

Les brownies se conservent 3 jours dans un récipient hermétique.

Voir variantes p. 136

Délices mousseux aux deux guimauves

Pour 12 délices

Ces délices fondants rappellent à la fois le cheesecake et la mousse de fruits.

225 g (8 oz) de biscuits sablés au chocolat, émiettés
115 g (4 oz) de beurre doux fondu
    + 10 g (⅓ oz) pour le moule
55 g (2 oz) de noix de coco déshydratée
    + 4 c. à s. pour le décor
225 g (8 oz) de fromage cottage à 20 % M. G.
30 cl de crème 35 %

115 g (4 oz) de guimauve rose
115 g (4 oz) de pépites de chocolat blanc
225 g (8 oz) de fraises
    + quelques-unes pour le décor
1 c. à s. de gélatine
115 g (4 oz) de guimauve blanche
1 c. à s. de lait

Préchauffez le four à 350 °F (175 °C). Beurrez un moule de 19 × 23 cm et tapissez le fond de papier sulfurisé. Dans une jatte, mélangez les biscuits, le beurre fondu et la noix de coco et versez dans le moule. Lissez la surface avec le dos d'une cuillère en bois. Réservez 30 min au frais. Dans la cuve d'un robot ménager, mélangez la crème, la guimauve rose, le chocolat blanc et les fraises. Faites dissoudre la gélatine dans l'eau au bain-marie, puis incorporez-la à la préparation précédente. Versez dans le moule et laissez prendre 2 h au réfrigérateur. Faites fondre à feu doux la guimauve blanche avec le lait. Laissez tiédir 5 min. Versez la préparation obtenue sur la garniture rose et saupoudrez de noix de coco. Laissez prendre au frais. À l'aide d'un emporte-pièce rond, découpez 12 gâteaux individuels. Décorez de fraises fraîches.

Les délices se conservent 2 jours dans un récipient hermétique.

Voir variantes p. 137

Brownies aigres-doux aux noix de pécan

Recette de base p. 109

Brownies aux pistaches et aux pignons
Suivez la recette de base, en remplaçant les noix de pécan par 55 g (2 oz) de
pistaches non salées décortiquées et concassées et 55 g (2 oz) de pignons
de pins.

Brownies au chocolat et à l'orange
Suivez la recette de base, en remplaçant le chocolat noir et le chocolat blanc par
du chocolat à l'orange, dans les mêmes quantités, et l'arôme de vanille par
½ c. à c. d'huile essentielle d'orange.

Brownies au chocolat et à la guimauve
Suivez la recette de base, en remplaçant le chocolat noir et le chocolat blanc par
340 g (12 oz) de chocolat au lait. Ajoutez 55 g (2 oz) de morceaux de guimauve.

Brownies au chocolat et aux fruits
Suivez la recette de base, en remplaçant le chocolat blanc par du chocolat noir
et les noix de pécan par un mélange de cerises et d'airelles déshydratées, dans les
mêmes quantités.

Brownies double chocolat
Supprimez le glaçage. Faites fondre 85 g (3 oz) de chocolat noir et nappez-en
le dessus des brownies. Saupoudrez de 2 c. à s. d'amandes effilées grillées.

Lingots choco-caramel

Recette de base p. 111

Lingots aux fruits

Suivez la recette de base, en ajoutant 55 g (2 oz) de raisins secs et 55 g (2 oz) de cerises confites hachées à la préparation du sablé.

Lingots aux noisettes

Suivez la recette de base, en ajoutant 55 g (2 oz) de noisettes concassées et grillées à la préparation du sablé. Remplacez le chocolat noir par du chocolat blanc.

Lingots au chocolat et à l'orange

Suivez la recette de base, en ajoutant 1 c. à s. de zeste d'orange à la préparation du sablé et quelques gouttes d'arôme d'orange au caramel. Remplacez le chocolat noir par du chocolat noir à l'orange.

Lingots double chocolat

Suivez la recette de base, en remplaçant 30 g (1 oz) de farine par du cacao amer en poudre et en ajoutant 55 g (2 oz) de pépites de chocolat noir à la préparation du sablé.

Lingots aux graines

Suivez la recette de base, en parsemant le nappage au chocolat de 85 g (3 oz) d'un mélange de pignons de pin, de graines de tournesol et de graines de potiron grillées. Laissez durcir avant de servir.

Variantes

Bouchées au chocolat et au gingembre

Recette de base p. 112

Bouchées au chocolat blanc et à la cerise
Suivez la recette de base, en remplaçant les pépites de chocolat noir par des pépites de chocolat blanc. Supprimez le gingembre moulu et remplacez le gingembre confit par 115 g (4 oz) de cerises confites hachées.

Bouchées aux graines
Suivez la recette de base, en remplaçant 55 g (2 oz) de flocons d'avoine par 55 g (2 oz) d'un mélange de graines de potiron, de sésame et de tournesol.

Bouchées au chocolat blanc et aux canneberges
Suivez la recette de base, en remplaçant les pépites de chocolat noir par des morceaux de chocolat blanc, et le gingembre confit par 55 g (2 oz) de canneberges déshydratées. Supprimez le gingembre moulu. Nappez le gâteau de 225 g (8 oz) de chocolat blanc fondu, puis laissez durcir avant de servir.

Bouchées aux noix du Brésil
Suivez la recette de base, en remplaçant les pépites de chocolat noir par 55 g (2 oz) de chocolat au lait grossièrement concassé, et le gingembre confit par 55 g (2 oz) de noix du Brésil grossièrement concassées. Supprimez le gingembre moulu.

Variantes

Bouchées à la guimauve

Recette de base p. 115

Bouchées à la guimauve, au chocolat blanc et aux noix du Brésil
Suivez la recette de base, en remplaçant le chocolat noir par du chocolat
blanc, les biscuits digestifs par des cookies aux pépites de chocolat et
les cerises par des noix du Brésil, grossièrement concassées.

Bouchées à la guimauve, au gingembre et à la banane
Suivez la recette de base, en remplaçant le chocolat noir par du chocolat
blanc, les biscuits sablés par des gâteaux secs au gingembre et les noix
par des chips de bananes et des mangues séchées en morceaux.

Bouchées au caramel
Suivez la recette de base, en remplaçant le chocolat noir par du chocolat
au lait, les guimauves par des caramels mous hachés et les noix par des
amandes effilées grillées.

Bouchées à la guimauve, au muesli et à l'orange
Suivez la recette de base, en remplaçant le chocolat noir par du chocolat
à l'orange et 85 g (3 oz) de biscuits par la même quantité de muesli.

Pavés aux fruits

Recette de base p. 116

Pavés à la mangue et à l'ananas
Suivez la recette de base, en remplaçant les cerises et le gingembre confits
par 3 c. à s. de mangue et 3 c. à s. d'ananas séchés hachés.

Pavés à la liqueur
Suivez la recette de base, en remplaçant la moitié du jus d'orange par 60 ml
de liqueur d'orange.

Pavés au gingembre
Suivez la recette de base, en remplaçant les biscuits digestifs par
325 g (12 oz) de gâteaux secs au gingembre.

Pavés au muesli
Suivez la recette de base, en remplaçant 115 g (4 oz) de biscuits sablés par la
même quantité de muesli.

Pavés aux fruits des bois
Suivez la recette de base, en remplaçant les abricots, les pistaches et le
gingembre par 115 g (4 oz) d'un mélange de cerises, d'airelles et de myrtilles
déshydratées.

Variantes

Bouchées du diable

Recette de base p. 119

Bouchées du diable à la noix de coco
Suivez la recette de base, en saupoudrant le gâteau avec 30 g (1 oz) de noix de coco déshydratée grillée.

Bouchées du diable et de la princesse
Suivez la recette de base, en ajoutant quelques gouttes de colorant alimentaire rose à la garniture. Décorez le gâteau de quelques tourbillons de garniture et saupoudrez de vermicelle multicolore.

Bouchées du diable au café
Suivez la recette de base, en ajoutant 1 c. à s. d'extrait de café et de chicorée à la garniture. Décorez le gâteau de tourbillons de garniture et de noix.

Bouchées d'Halloween
Suivez la recette de base, en ajoutant quelques gouttes de colorant alimentaire orange à la garniture. Décorez le gâteau de tourbillons de garniture et de bonbons en forme de citrouille.

Bouchées de Pâques
Suivez la recette de base, en ajoutant quelques gouttes de colorant alimentaire jaune à la garniture. Décorez le gâteau de tourbillons de garniture et d'œufs de Pâques en sucre.

Variantes

Barres énergétiques

Recette de base p. 120

Barres énergétiques fruitées
Suivez la recette de base, en remplaçant les graines de potiron et
de tournesol par 55 g (2 oz) de raisins secs et 55 g (2 oz) d'abricots secs.

Barres énergétiques aux fruits des bois
Suivez la recette de base, en remplaçant les graines de potiron et de
tournesol par 55 g (2 oz) de cerises acides, 55 g (2 oz) de myrtilles et
55 g (2 oz) d'airelles déshydratées sucrées.

Barres énergétiques au riz soufflé
Suivez la recette de base, en remplaçant les graines de potiron et de tournesol
par 55 g (2 oz) de riz soufflé.

Barres énergétiques croustillantes
Suivez la recette de base, en remplaçant les graines de potiron et de tournesol
par 115 g (4 oz) de céréales croustillantes au miel et aux noisettes.

Barres énergétiques aux Cherrios
Suivez la recette de base, en remplaçant les graines de potiron et de tournesol
par 55 g (2 oz) de Cherrios.

Variantes

Mignardises choco-framboises

Recette de base p. 123

Mignardises au chocolat blanc et à la mandarine
Suivez la recette de base, en ajoutant 115 g (4 oz) de pépites de chocolat
blanc à la préparation du gâteau. Faites fondre 55 g (2 oz) de chocolat blanc
et décorez-en le gâteau refroidi.

Mignardises au chocolat et à la cerise
Suivez la recette de base, en remplaçant les framboises par 115 g (4 oz) de
cerises acides.

Mignardises au chocolat et à la noix de coco
Suivez la recette de base, en remplaçant les framboises par 115 g (4 oz) de
noix de coco déshydratée et par 1 c. à s. de lait.

Mignardises au chocolat et aux cerises noires
Suivez la recette de base, en remplaçant les framboises par 115 g (4 oz) de
cerises noires dénoyautées et coupées en deux.

Mignardises au chocolat, aux mûres et aux amandes
Suivez la recette de base, en remplaçant les framboises par 115 g (4 oz) de
mûres et les noix de pécan par 115 g (4 oz) d'amandes effilées.

Variantes

Brownies façon cheesecake

Recette de base p. 124

Brownies façon cheesecake aux noix du Brésil
Suivez la recette de base, en remplaçant les noix par 55 g (2 oz) de noix
du Brésil concassées.

Brownies façon cheesecake à l'orange
Suivez la recette de base, en remplaçant le chocolat noir par 175 g (6 oz)
de chocolat à l'orange et l'arôme d'amande amère par ½ c. à c. d'arôme
d'orange.

Brownies façon cheesecake aux noisettes
Suivez la recette de base, en remplaçant les noix par 55 g (2 oz) de noisettes
concassées et grillées.

Brownies façon cheesecake aux noix de pécan
Suivez la recette de base, en remplaçant les noix par 55 g (2 oz) de noix de
pécan concassées et grillées.

Brownies façon cheesecake au chocolat blanc
Suivez la recette de base, en remplaçant le chocolat noir par 175 g (6 oz)
de chocolat blanc.

Variantes

Délices mousseux aux deux guimauves

Recette de base p. 127

Délices mousseux aux framboises
Suivez la recette de base, en remplaçant les fraises par 225 g (8 oz)
de framboises.

Délices mousseux aux mûres
Suivez la recette de base, en remplaçant les fraises par 225 g (8 oz)
de mûres.

Délices mousseux aux cerises
Suivez la recette de base, en remplaçant les fraises par 225 g (8 oz)
de cerises noires ou de bigarreaux dénoyautés et coupés en deux.

Délices mousseux à la banane
Suivez la recette de base, en remplaçant les fraises par 225 g (8 oz) de
bananes coupées en rondelles et revenues dans 1 c. à s. de jus de citron.

Délices mousseux aux fruits de la forêt
Suivez la recette de base, en remplaçant les fraises par 225 g (8 oz) d'un
mélange de fruits de la forêt de couleur noire. Égouttez préalablement
les fruits et ajoutez le jus à la préparation.

Gâteaux de fêtes

Gâteau de Noël au chocolat blanc, truffe pralinée,

forêt-noire classique, gâteau de Pâques crémeux :

vous trouverez dans ce chapitre une recette pour

célébrer chaque fête comme il se doit.

Gâteau praliné choco-citron

Pour 12 personnes

Le crémeux du chocolat blanc s'associe au pralin croustillant pour un dessert exquis.

280 g (10 oz) de chocolat blanc, cassé en morceaux
30 cl de crème 35 %
225 g (8 oz) de sucre en poudre
225 g (8 oz) de beurre doux
   + 20 g (⅔ oz) pour le moule et la plaque
Le jus et le zeste de 2 citrons

4 œufs
225 g (8 oz) de farine à gâteaux (avec levure
   incorporée), tamisée
85 g (3 oz) de noisettes mondées entières
85 g (3 oz) d'amandes mondées entières
175 g (6 oz) de sucre cristallisé

Préchauffez le four à 350 °F (175 °C). Beurrez un moule à cake de 1,5 litre de contenance. Faites fondre à feu doux le chocolat blanc avec la crème. Mélangez hors du feu jusqu'à consistance lisse. Réservez cette garniture 1 h au réfrigérateur. Dans une jatte, battez le sucre, le beurre, le jus et le zeste de citron. Ajoutez les œufs un à un, en battant à chaque fois. Incorporez la farine cuillerée par cuillerée. Versez dans le moule. Enfournez 1 h. Piquez la pointe d'un couteau au centre : elle doit ressortir sèche. Démoulez sur une grille et laissez refroidir. Chauffez à feu très doux les noisettes, les amandes et le sucre cristallisé 5 à 10 min, en mélangeant de temps en temps, pour obtenir un pralin doré. Versez-le sur une plaque de cuisson beurrée et laissez refroidir. Battez la garniture pour la ramollir. Découpez le gâteau dans la longueur en 3 tranches, nappez-les de garniture puis reformez le gâteau. Déposez-le sur le plat de service et recouvrez-le du reste de glaçage. Enfermez le pralin dans un sac en plastique alimentaire et émiettez-le au rouleau. Parsemez de pralin le dessus et les côtés du gâteau.
Le gâteau, sans le glaçage, se conserve 2 jours dans un récipient hermétique.

Voir variantes p. 154

Gâteau de Noël au chocolat blanc

Pour 12 à 16 personnes

Voici une alternative à la traditionnelle bûche de Noël.

255 g (9 oz) de beurre doux + 115 g (4 oz) pour
    la garniture + 10 g (⅓ oz) pour le moule
1 c. à c. d'arôme de vanille
255 g (9 oz) de sucre en poudre
5 œufs
175 g (6 oz) de farine classique, tamisée
175 g (6 oz) de farine à gâteaux
    (avec levure incorporée), tamisée
Le jus et le zeste de 2 oranges
115 g (4 oz) d'abricots secs, hachés
55 g (2 oz) d'amandes mondées, concassées

55 g (2 oz) de noisettes grillées, concassées
225 g (8 oz) de sucre à glacer
2 c. à s. de liqueur d'orange
Le jus et le zeste de 1 citron
3 c. à s. de confiture d'abricots
455 g (1 lb) de pâte d'amande blanche
455 g (1 lb) de chocolat blanc
175 g (6 oz) d'écorces d'orange confites
115 g (4 oz) bde chocolat noir à 60 % de cacao
Grains de raisin épépinés, abricots secs,
    pour le décor

Préchauffez le four à 350 °F (175 °C). Beurrez un moule à manqué de 20 cm de diamètre. Dans une jatte, battez 255 g (9 oz) de beurre avec le sucre et l'arôme de vanille jusqu'à consistance crémeuse. Ajoutez les œufs un à un, en battant à chaque fois. Incorporez délicatement les farines tamisées, ainsi que 3 c. à s. de jus d'orange, 1 c. à s. de zeste d'orange, les abricots secs, les amandes et les noisettes. Versez dans le moule et enfournez 1 h. Couvrez d'aluminium et poursuivez la cuisson 30 min. Piquez la pointe d'un couteau au centre du gâteau : elle doit ressortir sèche. Déposez sur une grille et laissez tiédir. Démoulez le gâteau sur un plat. Dans une jatte, battez 115 g (4 oz) de beurre, le sucre à glacer, la liqueur d'orange, le jus et le zeste de citron jusqu'à homogénéité. Coupez le gâteau dans la longueur en deux disques de même épaisseur à l'aide d'un couteau bien aiguisé. Garnissez de crème au beurre puis soudez les deux côtés. Faites chauffer la confiture d'abricots, puis nappez-en au pinceau

le dessus et les côtés du gâteau. Malaxez la pâte d'amande sur le plan de travail saupoudré de sucre à glacer et étalez-la au rouleau en une couche fine. Recouvrez tout le gâteau de pâte d'amande et lissez avec la paume des mains. Déposez le gâteau sur une grille, placée sur un plateau. Faites fondre le chocolat blanc au bain-marie. Laissez tiédir 5 min. Recouvrez uniformément le gâteau de ce nappage. Réservez 2 h. Faites fondre le chocolat noir au bain-marie. Émincez les écorces d'orange confites en lamelles. Trempez-les dans le chocolat fondu. Plongez-y à moitié les grains de raisin et les abricots. Laissez durcir. Décorez le gâteau des fruits. Transférez le gâteau sur le plat de service avant de servir.

Voir variantes p. 155

Gâteau à l'amande

Pour 12 personnes

Ce gâteau, à la décoration raffinée, est un dessert qui s'invite à toutes les fêtes !

85 g (3 oz) de poudre d'amandes
115 g (4 oz) de sucre en poudre
8 œufs
60 g (2 ½ oz) de farine à gâteaux
    (avec levure incorporée), tamisée
55 g (2 oz) de sucre cristallisé
25 cl de crème 15 %
255 g (9 oz) de beurre doux + 10 g (⅓ oz) pour le moule

55 g (2 oz) de sucre à glacer
2 c. à s. de café instantané
60 g (2 ½ oz) de chocolat noir à 60 %
    de cacao, fondu
2 c. à s. de cacao amer en poudre
225 g (8 oz) de pâte d'amande blanche
Un peu de sucre à glacer et quelques
feuilles de menthe fraîche, pour le décor

Préchauffez le four à 375 °F (190 °C). Beurrez un moule carré de 18 cm de côté. Mélangez la poudre d'amandes avec 55 g (2 oz) de sucre. Ajoutez 4 œufs, un par un, en battant à chaque fois. Incorporez délicatement la farine tamisée. Dans une jatte, montez les blancs des 4 œufs restants en neige bien ferme (réservez les jaunes au réfrigérateur). Ajoutez 1 c. à s. de sucre et incorporez le tout à la première préparation. Versez dans le moule et enfournez 35 min. Démoulez le gâteau sur une grille et laissez refroidir. Portez à ébullition le sucre cristallisé avec 6 cl d'eau et laissez mijoter 2 min. Réservez. Dans une jatte, battez les jaunes d'œuf avec 55 g (2 oz) de sucre jusqu'à consistance lisse. Portez à ébullition la crème 15 %, puis ajoutez le mélange jaunes d'œuf-sucre. Battez jusqu'à homogénéité, puis chauffez à feu doux 2 min, dans une casserole, jusqu'à épaississement. Filtrez la préparation à travers une passoire et laissez refroidir. Dans une jatte, battez le beurre pour le ramollir. Ajoutez progressivement le mélange précédent et le sucre à glacer, puis battez jusqu'à homogénéité. Répartissez cette

crème au beurre dans deux jattes. Dans la première moitié, ajoutez le café dissous dans 1 c. à s. d'eau bouillante ; dans la deuxième, le chocolat fondu. Battez les deux mélanges. Réservez 30 min au réfrigérateur. Découpez le gâteau en trois tranches de même épaisseur. Nappez-les de sirop de sucre et de crème au chocolat, puis reformez le gâteau. À l'aide d'une spatule, couvrez le dessus et les bords du gâteau de crème au café. Réservez de nouveau au frais 30 min, puis saupoudrez de 1 c. à s. de cacao. Malaxez la pâte d'amande avec le reste de cacao et étalez-la en couche fine sur un plan de travail saupoudré de sucre à glacer. Découpez en longs rubans de 4 cm de large et déposez-les en chiffonnade sur le dessus du gâteau. Au moment de servir, saupoudrez légèrement de sucre à glacer et décorez de feuilles de menthe. Le sirop et les crèmes peuvent être préparées jusqu'à 2 jours à l'avance. Pour ramollir la crème au beurre, gardez-la à température ambiante 30 min avant de la battre énergiquement. La pâte d'amande séchant rapidement, travaillez-la le moins longtemps possible avec le cacao.

Voir variantes p. 156

Biscuit de Pâques

Pour 12 personnes

Ce gâteau s'affaisse un peu à la cuisson, mais les décorations cachent cet inconvénient.

175 g (6 oz) de sucre à glacer
55 g (2 oz) de cacao amer en poudre
225 g (8 oz) de noisettes grillées, réduites en
    poudre
6 blancs d'œuf

115 g (4 oz) de sucre en poudre
115 g (4 oz) de chocolat noir à 60 % de cacao
50 cl de crème 15 % entière
225 g (8 oz) de chocolat blanc
1 paquet de petits œufs en chocolat

Préchauffez le four à 350 °F (175 °C). Beurrez 2 moules à manqué de 20 cm de diamètre et tapissez-en le fond de papier sulfurisé. Dans une jatte, mélangez le sucre à glacer et le cacao tamisés avec 12 cl d'eau chaude et les noisettes. Dans une autre jatte, battez les blancs en neige au fouet électrique. Ajoutez progressivement le sucre jusqu'à homogénéité, puis incorporez à la première préparation, en soulevant de bas en haut. Répartissez le mélange dans les moules et enfournez 20 min : les biscuits doivent avoir bien monté. Déposez-les sur une grille et laissez-les tiédir. Faites fondre à feu doux le chocolat noir avec 20 cl de crème. Hors du feu, battez le mélange 2 à 3 min jusqu'à obtention d'une texture lisse. Réservez au réfrigérateur 30 min. Battez de nouveau, puis soudez les deux biscuits avec cette garniture. Faites fondre le chocolat blanc au bain-marie. Étalez-le sur une feuille de papier sulfurisé et laissez durcir. Battez le reste de la crème très froide en Chantilly au fouet électrique et étalez-la sur le dessus et sur les côtés du biscuit. Grattez le chocolat blanc avec la lame d'un couteau bien aiguisé pour former des copeaux. Décorez le dessus et les bords du biscuit de copeaux et d'œufs en chocolat. Le biscuit peut être préparé la veille, il est toutefois recommandé d'ajouter garnitures et décorations le jour même, avant de servir.

Voir variantes p. 157

Truffe pralinée

Pour 12 personnes

Lorsque vous préparez le pralin, gardez un œil attentif sur le sucre, car il brunit très vite.

115 g (4 oz) de sucre en poudre
115 g (4 oz) d'amandes mondées entières
800 g (1 lb 2 oz) de chocolat noir à 60 % de cacao
35 cl de crème 35 %

175 g (6 oz) de beurre doux
+ 20 g (⅔ oz) pour le moule et la plaque
de cuisson
1 c. à s. de rhum
Un peu de sucre à glacer, pour le décor

Beurrez un moule à cake de 1,5 litre de contenance et tapissez-le de papier sulfurisé. Beurrez une plaque de cuisson. Faites chauffer à feu doux le sucre avec les amandes jusqu'à ce que le sucre ait fondu. Laissez mijoter 1 min : le sucre doit prendre une teinte légèrement dorée. Versez ce pralin sur la plaque de cuisson et laissez refroidir complètement. Faites fondre 680 g (24 oz) de chocolat au bain-marie, puis retirez la casserole du feu et laissez refroidir. Enfermez le pralin dans un sac en plastique alimentaire et émiettez-le au rouleau. Battez la crème au fouet électrique jusqu'à consistance ferme. Dans une autre jatte, battez le beurre pour obtenir une consistance légère. Incorporez le chocolat refroidi et le rhum, puis battez de nouveau jusqu'à homogénéité. Ajoutez la crème fouettée et le pralin, puis versez la préparation dans le moule. Laissez prendre 3 à 4 h, ou toute une nuit.
Faites fondre le reste de chocolat et étalez-le sur une plaque de cuisson tapissée de papier sulfurisé. Laissez-le durcir. Grattez le chocolat avec la lame d'un couteau bien aiguisé, en partant d'un angle, pour former des serpentins. Passez la lame chaude d'un couteau sur les bords du gâteau, puis démoulez sur le plat de service. Décorez avec les serpentins de chocolat et saupoudrez légèrement de sucre à glacer, avant de servir.

Voir variantes p. 158

Meringue au chocolat et aux noix

Pour 10 personnes

Cet irrésistible dessert allie le fondant du chocolat et le croquant de la meringue.

55 g (2 oz) de cacao amer en poudre	280 g (10 oz) de chocolat noir à 60 % de cacao
175 g (6 oz) de sucre à glacer	85 g (3 oz) de beurre doux
10 blancs d'œuf + 4 jaunes	3 c. à s. de liqueur d'orange
140 g (5 oz) de sucre cristallisé	2 c. à s. de sucre en poudre
30 g (1 oz) de cerneaux de noix,	150 ml de fromage cottage ou de mascarpone
grossièrement concassés	140 g (5 oz) de yaourt nature
30 g (1 oz) de pistaches, grossièrement concassées	1 c. à s. de jus d'orange

Préchauffez le four à 275 °F (140 °C). Tapissez 3 plaques de cuisson de papier sulfurisé et tracez un cercle de 20 cm de diamètre au centre de chaque feuille. Tamisez le sucre à glacer et le cacao dans une jatte. Dans une grande jatte, battez 6 blancs d'œuf en neige au fouet électrique. Ajoutez le sucre cristallisé, cuillerée par cuillerée, sans cesser de battre, jusqu'à obtention d'une texture épaisse. Incorporez délicatement, à l'aide d'une cuillère en inox, le cacao et le sucre à glacer : la couleur doit être uniforme. Répartissez la moitié de cette préparation sur 2 plaques, en étalant avec une spatule à l'intérieur des cercles. Parsemez chaque meringue de 1/3 des noix et des pistaches. À l'aide d'une poche à douille large munie d'un embout dentelé, répartissez le reste de la préparation sur le dernier cercle jusqu'à le couvrir entièrement. Parsemez avec le reste des noix et des pistaches. Enfournez les meringues 1 h et demie : elles doivent être légèrement dorées et sèches au toucher. Déposez-les sur une grille et laissez refroidir avant de retirer le papier sulfurisé. Faites fondre le chocolat au bain-marie et réservez. Ajoutez les jaunes d'œuf, le beurre et 2 c. à s.

de liqueur d'orange, puis mélangez délicatement jusqu'à consistance lisse. Laissez refroidir. Battez 4 blancs en neige au fouet électrique. Ajoutez progressivement le sucre en poudre sans cesser de battre jusqu'à obtention d'une texture légèrement brillante. Incorporez au mélange chocolaté. Réservez cette mousse 20 min au réfrigérateur. Disposez une meringue sur un plat. À l'aide de deux cuillères à café, garnissez-la de mousse, puis posez la deuxième meringue. Répétez l'opération avec le reste de mousse, puis recouvrez de la troisième meringue. Réservez 6 h au réfrigérateur. Dans une jatte, battez le fromage cottage (ou le mascarpone), le yaourt et le jus d'orange. Servez cette sauce en accompagnement de la meringue.

La meringue peut être préparée jusqu'à une semaine à l'avance et conservée dans un récipient hermétique. La mousse et la sauce doivent être préparées le jour même.

Voir variantes p. 159

Forêt-noire

Pour 10 à 12 personnes

Cette spécialité allemande à l'allure sophistiquée est assez simple à réaliser.

10 g (⅓ oz) de beurre pour le moule
4 œufs
115 g (4 oz) de sucre en poudre
85 g (3 oz) de farine, tamisée
30 g (1 oz) de cacao amer en poudre, tamisé
3 c. à s. de kirsch
340 g (12 oz) de chocolat blanc, cassé en morceaux

115 g (4 oz) de chocolat noir à 60 % de cacao, cassé en morceaux
15 à 20 feuilles de roses, nettoyées
60 cl de crème 35 % entière
400 g (14 oz) de confiture de cerises
Sucre à glacer et quelques feuilles de menthe fraîche, pour le décor

Préchauffez le four à 375 °F (190 °C). Beurrez un moule à tarte à fond amovible de 20 cm de diamètre, de préférence assez profond, et tapissez le fond de papier sulfurisé. Dans une jatte, battez les œufs avec le sucre jusqu'à obtention d'une texture lisse et claire. Incorporez délicatement la farine et vle cacao tamisés. Versez la préparation dans le moule et enfournez 25 à 30 min : la génoise doit reprendre sa forme initiale après que vous y avez enfoncé votre doigt. Laissez tiédir sur une grille. Découpez la génoise dans la longueur en 4 disques de même épaisseur. Imbibez-les de quelques gouttes de kirsch et réservez. Faites fondre le chocolat blanc au bain-marie. Étalez-le sur une plaque de cuisson tapissée de papier sulfurisé et laissez durcir. Faites fondre le chocolat noir au bain-marie. Étalez-en une couche épaisse sous chacune des feuilles de rose et laissez prendre au congélateur. Fouettez la crème froide. Mettez ¼ de crème fouettée dans une poche à douille large munie d'un embout dentelé. Réservez 2 c. à s. de confiture de cerises. Garnissez les disques de génoise des ⅔ du reste

de crème fouettée et du reste de confiture de cerises, puis reformez le gâteau. Placez-le sur le plat de service. Recouvrez les côtés du gâteau du reste de crème fouettée. Avec la lame d'un couteau aiguisé, grattez le chocolat blanc durci en copeaux et disposez-les tout autour du gâteau, sur la crème fouettée. À l'aide de la poche à douille, décorez le gâteau de crème fouettée et de confiture de cerises. Décollez délicatement les feuilles de rose qui ont laissé leur empreinte sur le chocolat. Décorez le gâteau des feuilles en chocolat et de menthe fraîche. Réservez au moins 3 h au réfrigérateur. Saupoudrez de sucre à glacer avant de servir. Il est recommandé de déguster ce dessert le jour même.

Voir variantes p. 160

Sachertorte

Pour 10 à 12 personnes

La recette originale de ce dessert viennois, inventé par Franz Sacher en 1832, est gardée secrètement dans un coffre-fort. Que cela ne vous empêche pas de le déguster !

175 g (6 oz) de chocolat noir à 60 % de cacao
+ 175 g (6 oz) pour le glaçage
175 g (6 oz) de beurre doux
+ 10 g (⅓ oz) pour le moule
115 g (4 oz) de sucre en poudre

3 gros œufs, jaunes et blancs séparés
140 g (5 oz) de farine, tamisée
115 g (4 oz) de confiture d'abricots
15 cl de crème 35 %
2 c. à c. de glycérine (en pharmacie)

Préchauffez le four à 350 °F (175 °C). Beurrez un moule à manqué à fond amovible de 23 cm de diamètre. Faites fondre 175 g (6 oz) de chocolat au bain-marie. Laissez tiédir. Battez le beurre avec le sucre jusqu'à consistance crémeuse. Incorporez les jaunes d'œuf un à un, sans cesser de battre. Ajoutez le chocolat fondu et mélangez. Dans une autre jatte, montez les blancs en neige au fouet électrique. Incorporez-les délicatement à la préparation précédente. Ajoutez la farine tamisée et 1 c. à s. d'eau, puis remuez en soulevant la pâte de bas en haut. Versez dans le moule et enfournez 30 min. Laissez tiédir sur une grille. Coupez le gâteau dans la longueur et soudez les deux disques avec la moitié de la confiture d'abricots. Faites chauffer le reste de confiture et couvrez-en le dessus et les bords du gâteau au pinceau. Laissez prendre 30 min. Faites fondre 175 g (6 oz) de chocolat avec la crème 35 % au bain-marie. Hors du feu, ajoutez la glycérine et mélangez bien. Réservez 1 c. à s. de cette sauce. Versez le reste sur l'ensemble du gâteau en une seule fois, pour un résultat parfaitement lisse. À l'aide d'une poche à douille étroite munie d'un embout rond, écrivez « Sachertorte » sur le dessus du gâteau avec la sauce réservée. Laissez refroidir 2 h.
Le gâteau, sans le glaçage, se conserve 3 jours.

Voir variantes p. 161

Variantes

Gâteau praliné choco-citron

Recette de base p. 139

Gâteau praliné au chocolat noir et à l'orange
Suivez la recette de base, en remplaçant le chocolat blanc par 225 g (8 oz) de chocolat noir et les citrons par des oranges.

Gâteau praliné au chocolat, au citron et aux amaretti
Suivez la recette de base, en remplaçant le pralin par 10 amaretti émiettés.

Gâteau praliné double citron
Suivez la recette de base. Nappez les disques de gâteau de 2 c. à s. de tartinade au citron avant de recouvrir de la garniture au chocolat blanc, puis reformez le gâteau.

Gâteau praliné au chocolat noir et au citron
Suivez la recette de base, en remplaçant le chocolat blanc par la même quantité de chocolat noir.

Gâteau praliné au chocolat au lait et à l'orange
Suivez la recette de base, en remplaçant le chocolat blanc par la même quantité de chocolat au lait et les citrons par des oranges.

Gâteau de Noël au chocolat blanc

Recette de base p. 140

Gâteau de Noël au chocolat amer et à l'orange
Suivez la recette de base, en remplaçant le chocolat blanc par la même
quantité de chocolat amer à l'orange.

Gâteau de Noël au chocolat et aux noix de macadamia
Suivez la recette de base, en remplaçant les amandes et les noisettes par
115 g (4 oz) de noix de macadamia concassées.

Gâteau de Noël au chocolat alcoolisé
Suivez la recette de base. Imbibez chaque disque de gâteau de 1 c. à s. d'eau-
de-vie avant de les napper de crème au beurre. Trempez les abricots secs
du décor 10 min dans 2 c. à s. d'eau-de-vie, puis dans le chocolat fondu.

Gâteau de Noël au chocolat noir et à l'orange
Suivez la recette de base, en remplaçant le chocolat blanc par la même
quantité de chocolat noir à l'orange.

Gâteau de Noël truffé au chocolat blanc
Suivez la recette de base et modifiez le décor. Parsemez le dessus du gâteau
de 450 g (1 lb) de truffes au chocolat et de chocolats de dégustation. Faites
des feuilles de rose avec du chocolat blanc fondu, puis disposez-les entre les
truffes avant de servir.

Variantes

Gâteau à l'amande

Recette de base p. 142

Gâteau à l'amande et à l'orange
Suivez la recette de base, en ajoutant 1 c. à s. de zeste d'orange et 1 c. à s.
de jus d'orange à la préparation.

Gâteau à l'amande et aux grains de café
Suivez la recette de base, en ajoutant 2 c. à s. d'extrait de café et de chicorée
à la préparation. Remplacez la décoration en pâte d'amande par des grains
de café enrobés de chocolat.

Gâteau praliné à l'amande
Suivez la recette de base. Supprimez la décoration en pâte d'amande et
garnissez le dessus et les côtés du gâteau de 115 g (4 oz) de pralin émietté.

Gâteau à l'amande et aux noisettes
Suivez la recette de base, en remplaçant la poudre d'amandes par 85 g (3 oz)
de noisettes grillées et réduites en poudre.

Gâteau de Noël à l'amande
Suivez la recette de base. Étalez finement la pâte d'amande sur le gâteau.
Gardez-en pour découper à l'emporte-pièce des formes de votre choix
(sapin, étoile, animaux). Disposez-les en couronne sur le dessus du gâteau.

Variantes

Gâteau de Pâques

Recette de base p. 145

Gâteau de l'été au chocolat
Suivez la recette de base. Supprimez les œufs en chocolat et décorez d'une douzaine de fraises trempées dans du chocolat noir fondu.

Gâteau de Pâques marbré
Suivez la recette de base. Pour les copeaux, remplacez la moitié du chocolat blanc par 115 g (4 oz) de chocolat au lait. Mélangez les copeaux des deux chocolats et décorez-en le dessus et les bords du gâteau.

Gâteau de Pâques à l'amande
Suivez la recette de base. Remplacez les noisettes par la même quantité de poudre d'amandes et ajoutez ½ c. à c. d'arôme d'amande à la préparation.

Gâteau de Pâques, sans gluten
Suivez la recette de base, en remplaçant le cacao par un produit au cacao équivalent sans gluten, dans les mêmes quantités (p. 10).

Gâteau d'anniversaire
Suivez la recette de base. Supprimez les œufs en chocolat et remplacez-les par une vingtaine de truffes au chocolat.

Variantes

Truffe pralinée

Recette de base p. 146

Truffe pralinée à la cerise
Suivez la recette de base, en ajoutant 115 g (4 oz) de cerises confites hachées
à la préparation et en remplaçant le chocolat noir par la même quantité de
chocolat au lait.

Truffe pralinée et sablée
Suivez la recette de base, en ajoutant 85 g (3 oz) de biscuits sablés à la préparation.

Truffe pralinée aux fruits des bois
Suivez la recette de base, en ajoutant 115 g (4 oz) d'un mélange d'airelles et
de myrtilles déshydratées à la préparation.

Truffe pralinée noire et blanche
Suivez la recette de base, en remplaçant 200 g (7 oz) de chocolat noir par la même
quantité de chocolat blanc. Séparez la crème fouettée dans deux jattes. Dans la
première, incorporez le chocolat blanc, dans la deuxième le chocolat noir. Ajoutez
le pralin. Versez la préparation au chocolat blanc dans le moule, puis recouvrez
de celle au chocolat noir.

Truffe pralinée, sans produits laitiers
Suivez la recette de base, en remplaçant le chocolat noir, la crème et le beurre par
des produits équivalents sans lait, dans les mêmes quantités (p. 10).

Variantes

Meringue au chocolat et aux noix

Recette de base p. 148

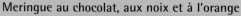

Meringue au chocolat, aux noix et à l'orange
Suivez la recette de base, en remplaçant le chocolat noir par la même
quantité de chocolat noir à l'orange.

Meringue au chocolat et aux amandes
Suivez la recette de base, en remplaçant les noix et les pistaches par
55 g (2 oz) d'amandes grillées et réduites en poudre.

Meringue au chocolat et à l'orange
Suivez la recette de base. Découpez en morceaux les quartiers de 2 oranges.
Parsemez le dessus de la mousse au chocolat de morceaux d'orange.
Décorez d'écorces d'orange confites.

Meringue au chocolat, aux noix et aux framboises
Suivez la recette de base, en ajoutant 115 g (4 oz) de framboises fraîches à
la mousse au chocolat, au moment du dressage.

Meringue au chocolat blanc
Suivez la recette de base, en remplaçant le chocolat noir par la même
quantité de chocolat blanc.

Variantes

Forêt-noire

Recette de base p. 150

Forêt-noire aux fruits des bois
Suivez la recette de base, en remplaçant la confiture de cerises par la même
quantité de confiture aux fruits des bois.

Forêt-noire à l'abricot
Suivez la recette de base, en remplaçant la confiture de cerises par la même
quantité de confiture d'abricots.

Forêt-noire à la mangue
Suivez la recette de base, en remplaçant la confiture de cerises par la même
quantité de confiture de mangues. Imbibez chaque disque de gâteau de
1 c. à s. de rhum avant assemblage.

Forêt-noire à la framboise
Suivez la recette de base, en remplaçant la confiture de cerises par la même
quantité de framboises fraîches. Imbibez chaque disque de gâteau de 1 c. à s.
de liqueur de framboise ou de cassis avant assemblage.

Forêt-noire à la mûre et à la myrtille
Suivez la recette de base, en remplaçant la confiture de cerises par
225 g (8 oz) de mûres et de myrtilles fraîches mixées. Imbibez chaque disque
de gâteau de 1 c. à s. de liqueur de cassis avant assemblage.

Sachertorte

Recette de base p. 153

Sachertorte à la fraise
Suivez la recette de base, en remplaçant la confiture d'abricots par de
la confiture de fraises et le chocolat noir par du chocolat au lait, dans
les mêmes quantités.

Sachertorte à l'orange
Suivez la recette de base, en remplaçant la confiture d'abricots par de la
confiture d'oranges et le chocolat noir par du chocolat noir à l'orange,
dans les mêmes quantités.

Sachertorte praliné
Suivez la recette de base, en ajoutant 3 c. à s. de pralin concassé au glaçage.
Supprimez le mot « Sachertorte ».

Sachertorte aux copeaux de chocolat
Suivez la recette de base. Faites des copeaux avec 115 g (4 oz) de chocolat
noir et 115 g (4 oz) de chocolat blanc, pour le décor. Supprimez le mot
« Sachertorte ».

Sachertorte au chocolat au lait et au caramel
Suivez la recette de base, en remplaçant le chocolat noir par la même
quantité de chocolat au lait. Supprimez le mot « Sachertorte » et décorez
de morceaux de caramels enrobés de chocolat au lait.

Tartes, pâtisseries et cheesecakes

Ces pâtisseries nécessitent un temps de préparation relativement long, mais le résultat vous fera oublier tous vos efforts. Ces recettes deviendront rapidement les favorites de votre entourage.

Baklavas au chocolat

Pour 16 baklavas

Ce dessert oriental est ici parfumé au chocolat pour un résultat très gourmand.

115 g (4 oz) de noix concassées
115 g (4 oz) de pistaches concassées
55 g (2 oz) de sucre en poudre + 85 g pour la sauce
½ c. à s. de cannelle moulue
85 g (3 oz) de chocolat noir à 60 % de cacao,
    cassé en morceaux

85 g (3 oz) de beurre doux fondu
15 feuilles de pâte filo fraîches
    ou congelées
3 c. à s. de miel liquide, type acacia
Le zeste de 1 orange ou 1 c. à s. d'eau
    de fleur d'oranger

Préchauffez le four à 350 °F (175 °C). Beurrez un plat carré de 20 cm de côté.

Dans une jatte, mélangez soigneusement les noix, les pistaches, le sucre, la cannelle et le chocolat. Découpez 5 feuilles de pâte filo aux dimensions du moule. Beurrez-les une par une au pinceau puis empilez-les au fond du moule. Versez la moitié du mélange de fruits secs. Déposez 5 autres feuilles de pâte filo, découpées et beurrées, puis le reste de farce. Terminez en empilant de nouveau 5 autres feuilles de pâte filo. À l'aide d'un couteau bien aiguisé, découpez en 16 carrés sur toute la profondeur. Nappez au pinceau le dessus des baklavas avec le reste de beurre, puis enfournez 45 min : les gâteaux doivent être dorés.

Sortez du four et laissez tiédir 5 min. Faites fondre à feu doux le miel et le zeste d'orange (ou l'eau de fleur d'oranger) dans une petite casserole. Portez à ébullition, puis laissez mijoter 2 à 3 min jusqu'à consistance sirupeuse. Passez au tamis et laissez tiédir 5 min. Versez en filet sur les baklavas encore chauds et laissez sécher complètement (une journée entière).

Voir variantes p. 178

Tresse choco-amande

Pour 8 à 10 personnes

Ce pain fruité est un vrai régal quand il s'invite au petit déjeuner.

225 g (8 oz) de farine à pain blanche
½ c. à c. de sel
120 g (4 ½ oz) de beurre doux
1 c. à s. de levure de boulanger déshydratée
5 c. à s. de sucre en poudre
1 œuf, battu
6 c. à s. de lait chaud

85 g (3 oz) d'abricots secs, hachés
55 g (2 oz) de chocolat au lait, cassé en morceaux
1 c. à s. de zeste d'orange, râpé
55 g (2 oz) de pâte d'amande, râpée
55 g (2 oz) de sucre à glacer, tamisé
1 à 2 c. à s. de jus d'orange frais
1 c. à s. d'amandes effilées grillées

Dans une jatte, mélangez la farine et le sel, puis incorporez 3 c. à s. de beurre. Sans cesser de remuer, ajoutez la levure, 2 c. à s. de sucre, l'œuf battu et assez de lait chaud pour que la pâte soit souple. Placez-la sur un plan de travail légèrement fariné et pétrissez-la 10 min : elle doit avoir une consistance lisse et élastique. Étalez-la au rouleau en un rectangle de 30 × 18 cm environ. Dans une autre jatte, battez le reste de beurre avec 3 c. à s. de sucre jusqu'à mélange lisse. Ajoutez les abricots secs, les morceaux de chocolat et le zeste d'orange. Versez le mélange uniformément sur la pâte et parsemez de pâte d'amande râpée. Enroulez le tout à partir du petit côté comme pour un gâteau roulé. Roulez le boudin d'avant en arrière pour que celui-ci s'allonge jusqu'à 35 cm environ. À l'aide d'un couteau bien aiguisé, coupez le gâteau dans la longueur en trois bandes de même largeur, sans les désolidariser complètement (l'une de leurs extrémités doit rester attachée). Tressez ensemble les trois bandes et placez-les sur une plaque de cuisson tapissée de papier sulfurisé. Couvrez sans

envelopper d'une feuille de film alimentaire huilée. Déposez dans un endroit chaud : la tresse doit doubler de volume. Préchauffez le four à 400 °F (200 °C). Enfournez 10 min. Baissez la température à 325 °F (160 °C), couvrez d'une feuille de papier aluminium et poursuivez la cuisson 15 min : le gâteau doit avoir bien monté et présenter une jolie couleur dorée. Préparez le glaçage. Mélangez le sucre à glacer avec le jus d'orange jusqu'à consistance lisse et épaisse. Versez le mélange obtenu sur la tresse encore chaude et parsemez d'amandes effilées. Servez aussitôt.

Voir variantes p. 179

Tarte aux pêches sur lit d'amandes et de chocolat

Pour 8 personnes

Cette tarte à la pâte brisée fond littéralement dans la bouche.

175 g (6 oz) de farine, tamisée
30 g (1 oz) de cacao amer en poudre
140 g (5 oz) de beurre doux, coupé en cubes
40 g (1 ½ oz) de poudre d'amandes
40 g (1 ½ oz) de sucre à glacer
1 jaune d'œuf

900 g (2 lb) de pêches fraîches
55 g (2 oz) de sucre en poudre
½ c. à s. de cannelle moulue
3 c. à s. de fécule de maïs
1 c. à s. de lait
1 c. à s. d'amandes effilées

Préchauffez le four à 375 °F (190 °C). Dans la cuve d'un robot ménager, mélangez la farine, le cacao, le beurre, la poudre d'amandes et le sucre à glacer jusqu'à consistance granuleuse. Incorporez le jaune d'œuf et 1 c. à s. d'eau, puis mélangez : la pâte doit être souple, sans attacher (ajoutez un peu d'eau si besoin). Enveloppez de film alimentaire et réservez 30 min au réfrigérateur. Étalez en une couche fine les ⅔ de la pâte sur un plan de travail fariné, puis déposez-la dans un moule à fond amovible de 23 cm de diamètre. Dans une jatte, mélangez les pêches coupées en tranches avec le sucre, la cannelle et la fécule de maïs. Déposez les fruits sur le fond de tarte. Découpez le reste de pâte en bandes de 2,5 cm de largeur à l'aide d'une roulette à pâtisserie. Déposez-les sur le dessus de la tarte en les croisant. Fixez les croisillons de pâte sur le bord avec un peu d'eau appliquée au pinceau, coupez l'excédent pour égaliser, puis badigeonnez-les de lait. Parsemez la tarte des amandes effilées et enfournez 40 min. Saupoudrez de sucre à glacer et servez chaud.

Voir variantes p. 180

Tarte aux noix de pécan

Pour 8 à 10 personnes

Pour un plaisir suprême, il est conseillé de servir ce dessert sirupeux dès la sortie du four, accompagné de crème glacée à la vanille.

175 g (6 oz) de farine, tamisée
30 g (1 oz) de cacao amer en poudre
140 g (5 oz) de beurre doux, coupé en cubes
    + 115 g (4 oz) pour la garniture
40 g (1 ½ oz) de poudre d'amandes
40 g (1 ½ oz) de sucre à glacer
1 jaune d'œuf + 2 œufs entiers, battus

115 g (4 oz) de cassonade
3 c. à s. de sirop d'érable
3 c. à s. de golden syrup (dans les
    grandes surfaces et les épiceries fines)
½ c. à c. d'arôme de vanille
40 g (1 ½ oz) de gros raisins secs
115 g (4 oz) de noix de pécan

Préchauffez le four à 400 °F (200 °C). Dans la cuve d'un robot ménager, mélangez la farine, le cacao, 140 g (5 oz) de beurre, la poudre d'amandes et le sucre à glacer jusqu'à obtention d'une pâte à l'aspect granuleux. Ajoutez le jaune d'œuf et 1 c. à s. d'eau : la pâte doit être souple, sans attacher (ajoutez un peu d'eau si besoin). Enveloppez de film alimentaire et réservez 30 min au réfrigérateur. Étalez la pâte au rouleau en couche fine sur un plan de travail fariné, puis déposez-la dans un moule à tarte rectangulaire de 32 × 12 cm. Piquez le fond à la fourchette et faites cuire à blanc 10 min. Abaissez la température du four à 300 °F (150 °C). Dans une casserole, faites fondre à feu doux 115 g (4 oz) de beurre, la cassonade, le sirop d'érable et le golden syrup. Retirez du feu et laissez tiédir 5 min, puis ajoutez les œufs, l'arôme de vanille, les raisins secs et les noix de pécan. Versez le mélange sur le fond de tarte et enfournez 45 min : la tarte doit être ferme au toucher. Servez chaud.

Voir variantes p. 181

Tartelettes au chocolat amer et aux framboises

Pour 7 à 8 tartelettes

Généreuses et irrésistibles, ces tartelettes seront du plus bel effet servies sur un plateau.

140 g (5 oz) de beurre doux, coupé en cubes
2 c. à s. de sucre en poudre
1 jaune d'œuf
225 g (8 oz) de farine, tamisée
275 g (10 oz) de chocolat noir

30 cl de crème 15 %
2 œufs, jaunes et blancs séparés
2 c. à s. de rhum
455 g (1 lb) de framboises fraîches
3 c. à s. de gelée de groseille rouge

Préchauffez le four à 400 °F (200 °C). Dans la cuve d'un robot ménager, mélangez le beurre, le sucre et le jaune d'œuf jusqu'à consistance lisse. Incorporez la farine. Ne travaillez pas trop la pâte pour éviter qu'elle durcisse. Déposez-la sur un plan de travail fariné et pétrissez-la délicatement pour obtenir une texture lisse et souple. Enveloppez de film alimentaire et réservez 30 min au réfrigérateur. Avant utilisation, sortez la pâte du réfrigérateur et laissez-la se réchauffer à température ambiante. Étalez-la sur un plan de travail fariné. À l'aide d'une roulette à pâtisserie, découpez des disques de 10 ou 12 cm de diamètre pour en tapisser 7 à 8 moules à tartelette. Recouvrez le fond des tartelettes de papier sulfurisé et parsemez de quelques haricots secs. Enfournez et faites cuire à blanc 10 min. Ôtez les haricots et le papier sulfurisé et laissez cuire encore 5 min. Sortez du four et laissez tiédir dans les moules. Baissez la température du four à 375 °F (190 °C). Dans une casserole à revêtement antiadhésif, faites fondre à feu doux le chocolat avec la crème. Retirez la casserole du feu et laissez tiédir. Battez les blancs en neige au fouet électrique. Ajoutez le rhum et les jaunes d'œuf

au chocolat fondu, puis incorporez délicatement les blancs en neige. Répartissez la préparation dans les moules et enfournez 10 min : la crème au chocolat doit être ferme. Laissez refroidir dans les moules. Mettez au réfrigérateur 3 h ou une nuit entière. Démoulez et garnissez de quelques framboises. Faites fondre la gelée de groseille avec 1 c. à s. d'eau dans une casserole. Nappez chaque tartelette de ce glaçage. Servez chaud ou froid.

Voir variantes p. 182

Cheesecake aux noix de pécan

Pour 8 personnes

Le cheesecake, typiquement anglo-saxon, suit toujours le même principe : une couche de biscuit recouvert de fromage cottage. On peut en rester là... ou pas !

115 g (4 oz) de margarine
225 g (8 oz) de biscuits digestifs ou de speculoos
675 g (1 lb) de fromage cottage
175 g (6 oz) de sucre en poudre
5 œufs
Le jus et le zeste de 1 gros citron
85 g (3 oz) de chocolat blanc, fondu

85 g (3 oz) de cassonade
4 c. à s. de sirop d'érable
4 c. à c. de lait
2 c. à s. de beurre doux
    + 10 g (⅓ oz) pour le moule
½ c. à c. d'arôme de vanille
115 g (4 oz) de cerneaux de noix de pécan

Préchauffez le four à 375 °F (190 °C). Beurrez un moule à fond amovible de 23 cm de diamètre. Faites fondre la margarine au bain-marie. Incorporez les biscuits émiettés jusqu'à homogénéité. Versez la préparation dans le moule, tassez et lissez avec le dos d'une cuillère. Dans une jatte, battez le fromage cottage. Ajoutez le sucre en poudre, 4 oeufs, le jus et le zeste de citron et le chocolat, puis battez au fouet électrique jusqu'à consistance homogène et crémeuse. Versez le mélange sur les biscuits, puis enfournez 15 min. Dans une casserole, faites fondre à feu doux la cassonade avec le sirop d'érable, le lait, le beurre et l'arôme de vanille. Concassez 85 g (3 oz) de noix de pécan. Dans un bol, battez le dernier oeuf. Ajoutez ces deux ingrédients à la préparation et mélangez bien. Versez délicatement sur le cheesecake et enfournez de nouveau 15 min : la tarte doit être ferme au toucher. Sortez le moule du four et laissez refroidir sur une grille. Mettez au réfrigérateur 2 h avant de servir. Décorez avec le reste de noix de pécan, du fromage blanc à la grecque et un filet de sirop d'érable.

Voir variantes p. 183

Cheesecake double choco

Pour 8 personnes

Une recette au résultat époustouflant, à faire et à refaire !

225 g (8 oz) de biscuits digestifs au chocolat
140 g (5 oz) de beurre doux
325 g (12 oz) de chocolat blanc
25 cl de crème liquide
550 g (1 ¼ oz) de fromage cottage

5 c. à s. de sucre en poudre
2 c. à s. de farine
1 c. à c. d'arôme de vanille
3 œufs
115 g (4 oz) de chocolat noir à 60 % de cacao

Préchauffez le four à 350 °F (175 °C). Émiettez les biscuits dans la cuve d'un robot ménager ou au rouleau, enfermés dans un sac en plastique alimentaire. Dans une casserole, faites fondre 115 g (4 oz) de beurre et nappez-en les biscuits. Mélangez jusqu'à homogénéité. Avec le dos d'une cuillère, versez la préparation dans un moule à fond amovible de 20 cm de diamètre. Recouvrez le fond et les bords. Réservez 30 min au réfrigérateur. Faites fondre au bain-marie la moitié du chocolat blanc avec les ⅔ de la crème 15 %. Dans une jatte, battez le fromage cottage avec le sucre, la farine et l'arôme de vanille jusqu'à texture lisse. Incorporez les œufs un par un sans cesser de battre, puis ajoutez le chocolat fondu. Mélangez jusqu'à consistance souple et crémeuse, puis versez sur les biscuits. Lissez la surface avec une cuillère et enfournez 45 min. Couvrez de papier aluminium et poursuivez la cuisson 15 min. Sortez le moule du four et laissez refroidir. Réservez 2 h au réfrigérateur. Faites fondre le reste de chocolat blanc au bain-marie, puis étalez-le à l'aide d'une spatule sur une plaque de cuisson tapissée de papier sulfurisé. Laissez durcir. Dans une casserole à revêtement antiadhésif, faites fondre à feu doux

le chocolat noir avec le reste de beurre et de crème. Mélangez jusqu'à obtention d'une texture lisse, puis versez sur le gâteau refroidi. Réservez 1 h au réfrigérateur. À l'aide d'un couteau bien aiguisé, grattez le chocolat blanc durci en copeaux. Décorez-en le gâteau. Le cheesecake peut être préparé la veille.

Voir variantes p. 184

Cheesecake choco-mandarine

Pour 8 à 10 personnes

Chocolat noir et mandarine se mêlent à merveille dans ce cheesecake mousseux.

225 g (8 oz) de biscuits digestifs au chocolat
115 g (4 oz) de beurre doux + 10 g pour le moule
325 g (12 oz) de fromage cottage
Le jus et le zeste de 1 citron
15 cl de crème sûre
3 œufs, jaunes et blancs séparés
55 g (2 oz) de sucre en poudre + 3 c. à s. pour le sirop

1 feuille de gélatine
8 mandarines ou 800 g (1 ¾ lb) de quartiers
    de mandarine au sirop (l'équivalent
    de 2 boîtes)
1 c. à c. de cannelle moulue, pour le sirop
55 g (2 oz) de pépites de chocolat blanc
4 c. à s. de confiture d'oranges sans écorce

Émiettez les biscuits dans la cuve d'un robot ménager ou au rouleau, enfermés dans un sac en plastique alimentaire. Dans une casserole, faites fondre 115 g (4 oz) de beurre et incorporez-le aux biscuits, sans cesser de remuer. Beurrez un moule à fond amovible de 20 cm de diamètre. Versez-y la préparation, en recouvrant le fond et les bords. Tassez et lissez avec le dos d'une cuillère. Réservez 30 min au réfrigérateur. Dans la cuve du robot, mélangez le fromage cottage, le zeste de citron, 3 c. à s. de jus de citron et la crème sure, jusqu'à consistance lisse. Dans une jatte, battez les jaunes d'œuf avec le sucre jusqu'à mélange lisse. Dissolvez la gélatine dans 3 c. à s. d'eau au bain-marie. Laissez tiédir 5 min. Incorporez le mélange œufs-sucre et la gélatine à la préparation au fromage cottage. Mixez le tout au robot jusqu'à homogénéité. Battez les blancs en neige au fouet électrique. Préparez les quartiers de mandarine au sirop (p. 22). Égouttez-les en réservant leur jus. Hachez la moitié des quartiers de mandarine grossièrement, puis ajoutez-les à la préparation à base de fromage cottage. Incorporez les blancs en neige et les pépites de chocolat, mélangez jusqu'à homogénéité.

Versez le mélange obtenu sur le biscuit et laissez prendre au réfrigérateur. Dans une casserole, faites chauffer la confiture d'oranges avec la moitié du jus réservé, puis laissez mijoter jusqu'à épaississement. Sortez le cheesecake du réfrigérateur et démoulez-le sur le plat de service. Décorez le gâteau de la deuxième moitié des quartiers de mandarine égouttés et nappez-le de glaçage à la confiture. Réservez au réfrigérateur jusqu'au moment de servir. Le cheesecake se conserve 2 jours au réfrigérateur.

Voir variantes p. 185

Variantes

Baklavas au chocolat

Recette de base p. 163

Baklavas épicés au chocolat
Suivez la recette de base, en ajoutant au mélange de noix ½ c. à c. de
quatre-épices, ½ c à c. de noix de muscade moulue et ¼ c. à c. de clous
de girofle moulus.

Baklavas au chocolat et à l'eau de rose
Suivez la recette de base, en ajoutant 1 à 2 c. à c. d'extrait d'eau de rose
au sirop refroidi.

Baklavas au chocolat et aux noix mélangées
Suivez la recette de base, en ajoutant 225 g (8 oz) d'un mélange de noix de
votre choix.

Baklavas au chocolat blanc
Suivez la recette de base, en remplaçant le chocolat noir par la même
quantité de pépites de chocolat blanc.

Mini-baklavas au chocolat
Suivez la recette de base. À l'aide d'un couteau aiguisé, découpez le gâteau
en 32 carrés. Servez les baklavas dans des caissettes en papier.

Variantes

Tresse choco-amande

Recette de base p. 164

Couronne au chocolat et à la pâte d'amande

Suivez la recette de base, sans tresser la pâte. Placez-la en couronne sur une plaque. Pincez-en les extrémités. À l'aide d'un couteau bien aiguisé, entaillez la couronne pour faire apparaître la garniture. Continuez selon la recette.

Tresse exotique au chocolat

Suivez la recette de base, en remplaçant les abricots par 115 g (4 oz) d'un mélange de morceaux d'ananas, de papaye et de mangue séchés. Remplacez le chocolat au lait par la même quantité de chocolat à l'orange.

Tresse glacée au chocolat et à la pâte d'amande

Suivez la recette de base, en remplaçant le glaçage par 115 g (4 oz) de chocolat noir fondu versé en filet, puis parsemez d'amandes effilées.

Couronne au chocolat blanc et à la pâte d'amande

Suivez la recette de base, sans tresser la pâte (voir première variante) et en substituant au chocolat au lait la même quantité de chocolat blanc. Remplacez le glaçage par 85 g (3 oz) de chocolat blanc fondu versé en filet.

Tresse fruitée au chocolat et à la pâte d'amande

Suivez la recette de base, en ajoutant aux abricots secs 85 g (3 oz) d'un mélange d'airelles et de myrtilles séchées.

Variantes

Tarte aux pêches sur lit d'amandes et de chocolat

Recette de base p. 166

Tarte d'hiver sur lit d'amandes et de chocolat
Suivez la recette de base, en remplaçant les pêches par 3 boîtes de 425 g (15 oz) de pêches au sirop (non égouttées).

Tarte aux abricots sur lit d'amandes et de chocolat
Suivez la recette de base, en remplaçant les pêches par la même quantité d'abricots frais dénoyautés, avec leur peau.

Tarte aux nectarines sur lit d'amandes et de chocolat
Suivez la recette de base, en remplaçant les pêches par la même quantité de nectarines fraîches, dénoyautées et pelées.

Tarte aux pêches sur lit d'amandes et de chocolat, sans gluten
Suivez la recette de base, en remplaçant la farine, le cacao et la fécule de maïs par des produits équivalents sans gluten, dans les mêmes quantités (p. 10).

Tarte aux poires sur lit d'amandes et de chocolat
Suivez la recette de base, en remplaçant les pêches par la même quantité de poires fraîches, pelées et en tranches.

Variantes

Tarte aux noix de pécan

Recette de base p. 169

Tarte aux deux noix
Suivez la recette de base, en remplaçant la moitié des noix de pécan par 55 g (2 oz) de cerneaux de noix.

Tarte aux noix de macadamia et aux noix de pécan
Suivez la recette de base, en remplaçant la moitié des noix de pécan par 55 g (2 oz) de noix de macadamia, grossièrement concassées.

Tartes aux noix mélangées
Suivez la recette de base, en remplaçant les noix de pécan par la même quantité d'un mélange de noix de votre choix.

Tarte aux noix de pécan, sans gluten
Suivez la recette de base, en remplaçant la farine et le cacao par des produits équivalents sans gluten, dans les mêmes quantités (p. 10).

Tarte aux pistaches et aux noix de pécan
Suivez la recette de base, en remplaçant la moitié des noix de pécan par 55 g (2 oz) de pistaches, grossièrement concassées.

Variantes

Tartelettes au chocolat amer et aux framboises

Recette de base p. 170

Tartelettes au chocolat amer et aux cerises noires
Suivez la recette de base, en remplaçant le rhum par la même quantité de kirsch et les framboises par la même quantité de cerises noires dénoyautées.

Tartelettes au chocolat blanc et aux fraises
Suivez la recette de base, en remplaçant le rhum par ½ c. à c. d'arôme de vanille. Remplacez le chocolat noir par la même quantité de chocolat blanc et les framboises par la même quantité de fraises coupées en tranches.

Tartelettes au chocolat amer et aux mangues
Suivez la recette de base, en utilisant du rhum blanc. Remplacez les framboises par 1 grosse mangue pelée, dénoyautée et coupée en tranches. Décorez les tartelettes de noix de coco déshydratée.

Tartelettes au chocolat au lait et aux fruits des bois
Suivez la recette de base, en substituant au chocolat noir la même quantité de chocolat au lait. Remplacez les framboises par la même quantité d'un mélange de framboises, de fraises, de myrtilles et de groseilles rouges fraîches.

Variantes

Cheesecake aux noix de pécan

Recette de base p. 173

Cheesecake aux noix mélangées
Suivez la recette de base, en remplaçant les noix de pécan par la même
quantité d'un mélange de noix de macadamia, de noix du Brésil, de noix
de pécan, d'amandes et de noisettes (au choix).

Cheesecake aux noix de pécan et au café
Suivez la recette de base, en remplaçant le jus et le zeste de citron par
2 c. à s. d'extrait de café et de chicorée.

Cheesecake aux noix de pécan et à l'orange
Suivez la recette de base, en remplaçant le jus et le zeste de citron par le jus
et le zeste de 1 orange.

Cheesecake aux noix de pécan et au gingembre
Suivez la recette de base, en remplaçant les biscuits digestifs par la même
quantité de biscuits au gingembre.

Cheesecake aux noix de pécan et de macadamia
Suivez la recette de base, en remplaçant la moitié des noix de pécan par
55 g (2 oz) de noix de macadamia, grossièrement concassées.

Variantes

Cheesecake double choco

Recette de base p. 174

Cheesecake double choco aux agrumes
Suivez la recette de base, en supprimant l'arôme de vanille. Ajoutez
à la préparation à base de fromage cottage les zestes de 1 citron et
de 1 orange, et ½ c. à c. d'arôme d'orange.

Cheesecake double choco au gingembre
Suivez la recette de base, en supprimant l'arôme de vanille. Ajoutez à
la préparation à base de fromage cottage 30 g (1 oz) de gingembre confit
émincé et 1 c. à s. de sirop de gingembre.

Cheesecake au chocolat et aux framboises
Suivez la recette de base, en remplaçant le chocolat blanc utilisé pour
le décor par 225 g (8 oz) de framboises et quelques feuilles de menthe
fraîches. Saupoudrez de sucre à glacer.

Cheesecake double choco aux cerises
Suivez la recette de base, en disposant 225 g (8 oz) de bigarreaux dénoyautés
sur le biscuit.

Cheesecake double choco à la mangue
Suivez la recette de base, en disposant la moitié d'une mangue fraîche
coupée en tranches sur le biscuit.

Variantes

Cheesecake choco-mandarine

Recette de base p. 176

Cheesecake au chocolat et aux framboises
Suivez la recette de base, en remplaçant les quartiers de mandarine par la même quantité de framboises au sirop.

Cheesecake au chocolat et aux fraises
Suivez la recette de base, en remplaçant les quartiers de mandarine par la même quantité de fraises au sirop.

Cheesecake au chocolat et à la pêche
Suivez la recette de base, en remplaçant les quartiers de mandarine par la même quantité de pêches au sirop, coupées en tranches.

Cheesecake au chocolat et aux fruits des bois
Suivez la recette de base, en remplaçant les quartiers de mandarine par la même quantité de fruits des bois au sirop.

Cheesecake au chocolat et aux bigarreaux
Suivez la recette de base, en remplaçant les quartiers de mandarine par la même quantité de bigarreaux au sirop.

Desserts chauds

Le chocolat se déguste aussi bien froid que chaud.

Mais les desserts chauds nous procurent quelque

chose d'inégalable : le plaisir de retrouver la cuisine

de nos grands-mères...

Soufflés au chocolat

Pour 4 soufflés

Les soufflés s'affaisseront si vous ne les servez pas assez vite. Assurez-vous que tous vos convives sont attablés avant de les sortir du four.

115 g (4 oz) de chocolat blanc
Sucre en poudre et beurre, pour les ramequins
115 g (4 oz) de chocolat noir à 60 % de cacao

3 gros œufs, jaunes et blancs séparés
55 g (2 oz) de sucre en poudre
¼ c. à c. d'arôme de vanille

Placez le chocolat blanc au congélateur 15 min. Préchauffez le four à 400 °F (200 °C). Beurrez généreusement 4 ramequins de 125 ml de contenance. Remplissez-les de moitié d'un peu de sucre et inclinez-les en tout sens pour en recouvrir l'intérieur.

Faites fondre le chocolat noir au bain-marie. Battez les jaunes d'œuf avec le sucre en poudre et l'arôme de vanille au fouet électrique jusqu'à consistance lisse. Retirez du feu et incorporez le chocolat fondu. Dans une autre jatte, montez les blancs en neige au fouet électrique. Incorporez la moitié des blancs en neige à la préparation précédente en soulevant délicatement la pâte de bas en haut. Ajoutez le reste des blancs en neige : la pâte doit avoir une couleur homogène.

Versez ⅛ du mélange dans les ramequins. Déposez un peu de chocolat blanc gelé, puis recouvrez avec le reste de la préparation. Enfournez 15 min : les soufflés doivent avoir bien monté et présenter une texture légèrement spongieuse sur les bords. Saupoudrez de sucre à glacer et servez aussitôt.

Voir variantes p. 202

Pudding brioché au chocolat

Pour 4 personnes

De l'innovation dans la tradition : la recette classique du pudding est agrémentée de brioche au beurre et de pépites de chocolat.

3 œufs
55 g (2 oz) de sucre en poudre
35 cl de lait entier
25 cl de crème 15 %
½ c. à c. d'arôme de vanille
½ c. à c. de cannelle moulue

200 g (7 oz) de brioche aux pépites de chocolat,
  découpée en cubes
85 g (3 oz) de pépites de chocolat noir
1 c. à c. de poudre à lever
½ c. à c. de beurre doux
  + 10 g (⅓ oz) pour le moule

Préchauffez le four à 325 °F (160 °C). Beurrez un moule à gâteau de 1 litre de contenance.

Dans une grande jatte, battez les œufs avec le sucre, le lait, la crème, l'arôme de vanille et la cannelle jusqu'à mélange lisse.

Dans une autre jatte, versez la préparation précédente sur les cubes de brioche. Laissez imbiber 30 min. Incorporez les pépites de chocolat et la poudre à lever, puis versez dans le moule. Parsemez de noisettes de beurre et enfournez 1 h à 1 h 15 : le pudding doit être juste cuit.

Servez chaud, accompagné de crème fouettée.

Voir variantes p. 203

Clafoutis chocolat-cerises

Pour 6 personnes

Servez ce savoureux dessert accompagné de crème Chantilly.

55 g (2 oz) de beurre doux
3 c. à s. de farine
2 c. à s. de cacao amer en poudre
3 gros œufs, battus

55 g (2 oz) de sucre en poudre
45 cl de lait
1 c. à s. de rhum (facultatif)
675 g (1 ½ lb) de cerises noires, dénoyautées

Préchauffez le four à 425 °F (220 °C).

Beurrez généreusement un plat à clafoutis avec la moitié du beurre.

Dans une jatte, tamisez ensemble la farine et le cacao. Incorporez les œufs et le sucre.
Mélangez bien. Faites chauffer le lait dans une casserole. Versez-le, avec le rhum, sur la
préparation précédente, puis battez jusqu'à homogénéité.

Disposez les cerises dans le plat. Versez la préparation chaude dessus et parsemez de
noisettes de beurre. Enfournez 25 à 30 min : le clafoutis doit être juste cuit. Sortez
du four, saupoudrez de sucre, puis servez.

Il est conseillé de déguster ce dessert à la sortie du four (apportez le plat à table, sans
le démouler), mais vous pouvez aussi bien le consommer froid.

Voir variantes p. 204

Crêpes aux nectarines, sauce choco-orange

Pour 4 personnes

Pour éviter que les crêpes collent entre elles, séparez-les d'une feuille de papier sulfurisé une fois cuites.

115 g (4 oz) de farine, tamisée
2 c. à s. de sucre en poudre
1 œuf
30 cl de lait demi-écrémé
6 cl de crème 35 %
55 g (2 oz) de beurre doux + 2 c. à s. pour le sirop
3 c. à s. de liqueur d'orange
Le jus et le zeste de 1 grosse orange

4 nectarines bien mûres, dénoyautées
    et découpées en fines tranches
175 g (6 oz) de chocolat à l'orange,
    cassé en morceaux
85 cl de lait écrémé
3 c. à s. de golden syrup (dans les grandes
    surfaces et les épiceries fines)
1 c. à s. de cacao amer en poudre, tamisé

Dans une jatte, mélangez la farine et le sucre, puis ménagez un puits au centre. Dans une autre jatte, battez l'œuf avec le lait demi-écrémé et la crème. Versez dans le puits et mélangez jusqu'à homogénéité. Dans une casserole, faites fondre la moitié du beurre. Nappez au pinceau une crêpière de 22 cm de diamètre d'un peu de beurre fondu. Faites chauffer la poêle à feu moyen. Quand elle est bien chaude, versez-y une louche de pâte à crêpe et inclinez-la pour que la pâte recouvre entièrement le fond. Laissez cuire 1 min de chaque côté. Répétez l'opération avec le reste de la pâte. Faites 8 crêpes. Dans une casserole, faites chauffer à feu doux le reste de beurre avec la liqueur, le jus et le zeste d'orange. Portez à ébullition, puis laissez mijoter jusqu'à léger épaississement. Ajoutez les tranches de nectarine et laissez

cuire de nouveau 1 min, sans cesser de remuer. Faites fondre le chocolat au bain-marie. Ajoutez le lait écrémé, 2 c. à s. de beurre, le golden syrup et le cacao, puis mélangez jusqu'à consistance lisse. Pliez les crêpes en quatre, deux par assiette. Disposez dessus quelques tranches de nectarines et arrosez de sirop. Servez avec la sauce choco-orange.

Voir variantes p. 205

Strudel choco-amande

Pour 6 personnes

Voici une variante d'un desssert typiquement autrichien, avec des feuilles de pâte filo.

3 œufs
85 g (3 oz) de sucre en poudre
115 g (4 oz) de poudre d'amandes
½ c. à c. d'arôme d'amande amère
115 g (4 oz) d'amandes effilées
6 grandes feuilles de pâte filo

115 g (4 oz) de beurre doux, fondu
115 g (4 oz) de chocolat noir à 60 % de cacao,
  râpé + 115 g (4 oz) cassé en morceaux,
  pour la sauce
30 cl de crème 35 %

Préchauffez le four à 350 °F (175 °C). Dans la cuve d'un robot ménager, mélangez les œufs, le sucre, la poudre d'amandes et l'arôme d'amande amère jusqu'à homogénéité. Incorporez les amandes effilées. Nappez de beurre fondu, au pinceau, 1 feuille de pâte filo. Beurrez deux autres feuilles de pâte filo et empilez-les sur la première. Saupoudrez de la moitié du chocolat râpé. Posez les trois dernières feuilles beurrées. Nappez ⅓ de la dernière feuille du mélange aux amandes, puis saupoudrez l'ensemble de la feuille du reste de chocolat râpé. Enroulez délicatement le tout.

Posez le strudel sur une plaque de cuisson tapissée de papier sulfurisé et nappez du reste de beurre fondu au pinceau. Laissez cuire 25 à 30 min : le strudel doit être doré et croustillant. Dans une casserole, portez la crème à ébullition. Hors du feu, incorporez 115 g (4 oz) de chocolat, cassé en morceaux. Lorsque le chocolat est fondu, mélangez jusqu'à obtenir une texture lisse. Placez le strudel sur le plat de service, versez le chocolat fondu, puis servez aussitôt.

Voir variantes p. 206

Fondant au chocolat

Pour 4 personnes

Pour apprécier tout le fondant de ce dessert, dégustez-le encore chaud. Servez ce délice accompagné de crème glacée à la vanille ou arrosé de crème 15 %.

2 c. à s. de beurre doux + 10 g (⅓ oz) pour le moule
115 g (4 oz) de farine à gâteaux
   (avec levure incorporée)
1 c. à c. poudre à lever

140 g (5 oz) de sucre en poudre
40 g (1 ½ oz) de cacao amer en poudre, tamisé
55 g (2 oz) de cassonade
45 cl d'eau bouillante

Préchauffez le four à 375 °F (190 °C).

Dans une jatte, mélangez délicatement le beurre, la farine, la poudre à lever, le sucre et 2 c. à s. de cacao jusqu'à homogénéité. Versez la préparation dans un plat peu profond de 1,5 litre de contenance, préalablement beurré.

Mélangez la cassonade avec le reste de cacao, puis saupoudrez sur la préparation précédente. Versez l'eau bouillante et enfournez 40 min. Piquez le centre du fondant avec la pointe d'un couteau : elle doit ressortir sèche. Servez chaud.

Voir variantes p. 207

Pudding choco-caramel

Pour 8 personnes

Si la cuisson est un peu longue, la préparation de ce dessert ne vous prendra quant à elle que quelques minutes.

340 g (12 oz) de cassonade
85 g (3 oz) de farine à gâteaux
   (avec levure incorporée)
1 c. à c. de poudre à lever
85 g (3 oz) de cacao amer en poudre

4 œufs, battus
225 g (8 oz) de beurre doux, fondu
   + 10 g (⅓ oz) pour le moule
1 c. à c. d'arôme de vanille
115 g (4 oz) de noisettes concassées et grillées

Préchauffez le four à 325 °F (160 °C). Beurrez un plat profond de 1,5 litre de contenance.

Dans une grande jatte, battez tous les ingrédients à l'aide d'une cuillère en bois jusqu'à homogénéité.

Versez la préparation dans le plat et placez ce dernier dans un autre plat plus grand et rempli à mi-hauteur d'eau bouillante. Enfournez 1 h : le pudding doit avoir bien levé et être ferme au toucher.

Servez chaud accompagné de crème 15 % ou de crème glacée. Vous pouvez également servir le pudding froid, découpé en carrés.

Voir variantes p. 208

Crumble aux fruits rouges et aux amaretti

Pour 4 parts

Une façon originale de préparer un crumble.

115g (4 oz) de beurre doux, coupé en cubes
   + 10 g (⅓ oz) pour le moule
340 g (12 oz) de fraises, équeutées
340 g (12 oz) de rhubarbe
55 g (2 oz) de sucre en poudre

140 g (5 oz) de farine
30 g (1 oz) de cacao amer en poudre
30 g (1 oz) de poudre d'amandes
7 amaretti
1 c. à s. de pignons de pins ou d'amandes effilées

Préchauffez le four à 350 °F (175 °C). Beurrez un plat profond de 1 litre de contenance.

Coupez les fraises en deux et la rhubarbe en tronçons de 2,5 cm de long. Dans une jatte, mélangez bien les fruits et le sucre. Disposez les fruits enrobés de sucre dans le plat et égalisez la surface à l'aide d'une cuillère.

Dans la cuve d'un robot ménager, mixez la farine, le cacao, le beurre, la poudre d'amandes et les amaretti jusqu'à obtention d'une pâte à l'aspect sableux. Émiettez cette pâte sur les fruits, parsemez de pignons (ou d'amandes effilées) et enfournez 40 min. Servez chaud, arrosé de crème liquide.

Voir variantes p. 209

Soufflés au chocolat

Recette de base p. 187

Soufflés au chocolat amer et à l'orange
Suivez la recette de base, en remplaçant le chocolat noir par la même quantité de chocolat noir à 70 % de cacao de première qualité et l'arôme de vanille par la même quantité d'essence d'orange.

Soufflés au chocolat amer et à la menthe
Suivez la recette de base, en remplaçant le chocolat noir par la même quantité de chocolat noir à 70 % de cacao de première qualité et l'arôme de vanille par quelques gouttes d'essence de menthe.

Soufflés au chocolat et au caramel
Suivez la recette de base, en remplaçant le chocolat noir par la même quantité de chocolat au caramel et le sucre en poudre par du sucre blond.

Soufflés au chocolat et aux framboises
Suivez la recette de base, en remplaçant le chocolat blanc par 4 c. à c. de confiture de framboises et 4 framboises fraîches.

Soufflés au chocolat blanc
Suivez la recette de base, en remplaçant le chocolat noir par la même quantité de chocolat blanc et le chocolat blanc par la même quantité de chocolat blanc au nougat.

Pudding brioché au chocolat

Recette de base p. 189

Pudding brioché aux fruits secs
Suivez la recette de base, en ajoutant à la préparation 55 g (2 oz) de cerises
séchées hachées et 55 g (2 oz) d'abricots secs hachés.

Pudding brioché au chocolat et à l'orange
Suivez la recette de base, en substituant au chocolat noir 115 g (4 oz) de
chocolat à l'orange, cassé en petits morceaux. Supprimez l'arôme de vanille et la
cannelle. Ajoutez 1 c. à s. de zeste d'orange à la préparation.

Pudding brioché au chocolat et aux amandes
Suivez la recette de base, en supprimant la cannelle. Remplacez l'arôme de
vanille par de l'arôme d'amande amère et ajoutez à la préparation
85 g (3 oz) d'amandes mondées concassées.

Pudding brioché au chocolat et aux abricots
Suivez la recette de base, en remplaçant la brioche par la même quantité de pain
de mie sans croûte et coupé en cubes. Ajoutez 55 g (2 oz) d'abricots secs hachés.

Pudding brioché au chocolat et aux cerises
Suivez la recette de base, en supprimant la cannelle. Remplacez l'arôme
de vanille par de l'arôme d'amande amère et ajoutez à la préparation
55 g (2 oz) de cerises confites hachées.

Variantes

Clafoutis chocolat-cerises

Recette de base p. 190

Clafoutis au chocolat blanc et aux cerises
Suivez la recette de base, en supprimant le cacao et le rhum et en ajoutant
85 g (3 oz) de chocolat blanc fondu au lait chaud.

Clafoutis au chocolat et à l'orange
Suivez la recette de base, en ajoutant au lait chaud le zeste de 1 orange.
Portez à ébullition et laissez infuser 10 min. Ôtez le zeste et ajoutez
85 g (3 oz) de chocolat à l'orange. Supprimez le cacao et le rhum.

Clafoutis au chocolat blanc, aux framboises et aux cerises
Suivez la recette de base, en supprimant le cacao et le rhum et en ajoutant
85 g (3 oz) de chocolat blanc fondu au lait chaud. Remplacez 350 g (12 oz)
de cerises par la même quantité de framboises.

Clafoutis aux mûres
Suivez la recette de base, en remplaçant les cerises par la même quantité
de mûres. Supprimez le rhum.

Variantes

Crêpes aux nectarines, sauce choco-orange

Recette de base p. 192

Crêpes aux fruits jaunes, sauce choco-orange
Suivez la recette de base, en remplaçant 2 nectarines par 2 abricots et
1 pêche, dénoyautés et coupés en tranches.

Crêpes aux cerises, sauce au chocolat noir
Suivez la recette de base, en remplaçant les nectarines par 450 g (1 lb) de
cerises noires dénoyautées et coupées en deux. Supprimez le jus et le zeste
d'orange. Remplacez la liqueur d'orange par du kirsch et le chocolat à
l'orange par du chocolat noir à 60 % de cacao, dans les mêmes quantités.

Crêpes au cacao amer et aux nectarines, sauce choco-orange
Suivez la recette de base, en remplaçant dans la pâte à crêpe 30 g (1 oz) de
farine par la même quantité de cacao amer en poudre.

Crêpes à l'orange et aux amandes, sauce choco-orange
Suivez la recette de base, en remplaçant les nectarines par 3 oranges coupées
en quartiers. Saupoudrez les fruits de quelques amandes effilées grillées
avant de napper de sauce.

Variantes

Strudel choco-amandes

Recette de base p. 194

Strudel au chocolat, à l'orange et aux amandes
Suivez la recette de base, en remplaçant le chocolat noir par la même quantité de chocolat au lait. Ajoutez 1 c. à s. de zeste d'orange à la préparation et supprimez l'arôme d'amande amère.

Strudel au chocolat, aux pistaches et aux amandes
Suivez la recette de base, en remplaçant les amandes effilées par la même quantité de pistaches grossièrement concassées.

Strudel glacé au chocolat et aux amandes
Suivez la recette de base. Mélangez 85 g (3 oz) de sucre à glacer avec assez de jus d'orange pour former un glaçage lisse. Faites fondre 55 g (2 oz) de chocolat noir et versez-le en filet, avec le glaçage, sur le strudel. Parsemez de 3 c. à s. d'amandes effilées. Laissez le glaçage durcir avant de servir.

Strudel au chocolat et à la noix de coco
Suivez la recette de base, en remplaçant les amandes effilées par la même quantité de noix de coco déshydratée.

Strudel au chocolat et à l'abricot
Suivez la recette de base, en remplaçant les amandes effilées par la même quantité d'abricots secs hachés.

Variantes

Fondant au chocolat

Recette de base p. 197

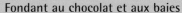

Fondant au chocolat et aux baies
Suivez la recette de base, en ajoutant 115 g (4 oz) d'airelles et de myrtilles déshydratées à la préparation.

Fondant au chocolat et aux noisettes
Suivez la recette de base, en ajoutant 115 g (4 oz) de noisettes concassées et grillées à la préparation.

Fondant au chocolat et à la noix de coco
Suivez la recette de base, en ajoutant 85 g (3 oz) de noix de coco déshydratée à la préparation.

Fondant au chocolat, sans gluten
Suivez la recette de base, en remplaçant la farine, la poudre à lever et le cacao par des produits équivalents sans gluten, dans les mêmes quantités (p. 10).

Variantes

Pudding choco-caramel

Recette de base p. 198

Pudding double caramel
Suivez la recette de base, en remplaçant les noisettes par 85 g (3 oz) de
caramels mous, découpés en petits morceaux.

Pudding au chocolat et aux amandes
Suivez la recette de base, en remplaçant les noisettes par 140 g (5 oz)
d'amandes et l'arôme de vanille par 1 c. à c. d'arôme d'amande amère.

Pudding au chocolat et aux raisins secs
Suivez la recette de base. Faites tremper 115 g (4 oz) de raisins secs dans
3 c. à s. de jus d'orange pendant 15 min. Remplacez les noisettes
et l'arôme de vanille par les raisins imbibés.

Pudding choco-caramel, sans gluten
Suivez la recette de base, en supprimant la farine, la poudre à lever et
le cacao par des produits équivalents sans gluten, dans les mêmes quantités
(p. 10).

Crumble aux fruits rouges et aux amaretti

Recette de base p. 201

Crumble aux prunes et aux amaretti
Suivez la recette de base en remplaçant les fraises et la rhubarbe par
la même quantité de prunes rouges, dénoyautées et coupées en deux.

Crumble aux abricots et aux amaretti
Suivez la recette de base, en remplaçant les fraises et la rhubarbe par 2 boîtes
d'oreillons d'abricots. Égouttez et coupez les fruits en tranches.

Crumble aux cerises et aux amaretti
Suivez la recette de base, en remplaçant les fraises et la rhubarbe par la même
quantité de bigarreaux ou de cerises noires, dénoyautées et coupées en deux.

Crumble aux poires et aux amaretti
Suivez la recette de base, en remplaçant les fraises et la rhubarbe par 2 boîtes
de poires. Égouttez et coupez les fruits en tranches.

Mousses et crèmes glacées

Ce chapitre vous propose une appétissante sélection

de mousses onctueuses, de crèmes glacées veloutées

et de bombes glacées au cœur surprenant.

Des desserts variés appréciés de tous !

Terrine choco, gingembre et safran

Pour 8 à 10 personnes

Le safran développe la saveur de la crème glacée et lui donne une jolie teinte orangée.

60 cl de lait entier
30 g (1 oz) de gingembre confit,
    finement émincé
1 c. à s. de sirop de gingembre
5 c. à s. de miel
1 ½ c. à c. de gingembre moulu
Une pincée d'étamines de safran

6 jaunes d'œuf
20 cl de crème 35 %
1 mesure de crème glacée au chocolat
    et aux noisettes (p. 221)
12 feuilles en chocolat, pour le dressage
    (p. 150-151)

Dans une casserole, portez à ébullition le lait avec le gingembre confit, le sirop de gingembre, le miel et les épices. Dès les premiers bouillons, retirez la casserole du feu et laissez infuser 30 min. Dans une grande jatte, battez les jaunes d'œuf au fouet électrique. Incorporez au premier mélange. Faites chauffer à feu doux dans une casserole, sans cesser de remuer. Laissez refroidir, puis réservez 3 h au réfrigérateur. Placez un moule à cake de 1 litre de contenance au congélateur. Battez la crème au fouet électrique jusqu'à consistance ferme. Incorporez au mélange refroidi. Brassez dans une sorbetière jusqu'à consistance ferme. Versez dans un récipient hermétique et placez au congélateur : la crème doit se solidifier. Étalez la crème glacée au chocolat et aux noisettes sur les bords et dans le fond du moule. Remplissez le reste du moule de crème glacée au gingembre. Égalisez la surface avec le reste de la crème glacée au chocolat et aux noisettes. Lissez, couvrez de film alimentaire et placez au congélateur jusqu'à ce que la préparation se soit solidifiée. Démoulez sur le plat de service, décorez de feuilles en chocolat et servez aussitôt.

Voir variantes p. 226

Crème glacée à la menthe et aux pépites de chocolat

Pour 4 personnes

À la différence de la crème glacée à la menthe traditionnelle, cette recette présente une saveur bien plus subtile.

60 cl de lait entier
225 g (8 oz) de sucre en poudre
30 g (1 oz) de glucose (en pharmacie)
30 cl de crème 35 %
4 jaunes d'œuf

55 g (2 oz) de chocolat noir à la menthe, grossièrement râpé
Quelques gouttes d'arôme de menthe (facultatif)
Quelques gouttes de colorant alimentaire vert (facultatif)

Dans une casserole, faites chauffer à feu doux le lait avec la moitié de sucre, le glucose et la crème, sans porter à ébullition. Dans une jatte, battez les jaunes d'œuf avec le reste de sucre jusqu'à blanchiment. Incorporez au premier mélange, sans cesser de battre.

Faites chauffer la préparation à feu doux jusqu'à épaississement, sans porter à ébullition : elle doit accrocher au dos d'une cuillère en bois. Réservez 3 h au réfrigérateur.

Saupoudrez de chocolat râpé. Goûtez et ajoutez quelques gouttes d'arôme de menthe et de colorant alimentaire selon votre goût. Brassez dans une sorbetière jusqu'à épaississement. Mettez la crème glacée dans un récipient hermétique. Placez au congélateur jusqu'au moment de servir.

Voir variantes p. 227

Bombe glacée au café et au Kahlua, crème café

Pour 6 à 8 personnes

Question : quel est le secret de ce dessert savoureux ? Réponse: l'amertume du café associée à la douceur du chocolat et de la meringue.

3 gros œufs, blancs et jaunes séparés
140 g de sucre en poudre
5 c. à s. de Kahlua (liqueur de café)
50 cl de crème 35 %
140 g (5 oz) de meringues, émiettées
1 c. à s. de café 100 % arabica

30 cl de crème 35 %
   + 15 cl pour la chantilly
85 g (3 oz) de chocolat noir à 60 % de cacao
1 c. à c. de beurre doux
7 amaretti, émiettés
12 grains de café enrobés de chocolat

Dans une jatte, battez les jaunes d'œuf avec le sucre à l'aide d'une cuillère en bois jusqu'à obtention d'une texture lisse. Ajoutez le Kahlua et mélangez jusqu'à homogénéité. Dans une autre jatte, battez la crème liquide au fouet électrique jusqu'à consistance ferme. Incorporez les meringues émiettées et le mélange œufs-sucre. Montez les blancs en neige au fouet électrique, puis incorporez-les délicatement à la préparation précédente. Versez le mélange obtenu dans un saladier de 1,5 litre de contenance ou dans un moule prévu à cet effet, puis placez au congélateur jusqu'à solidification. Sortez le récipient du congélateur 1 h avant de servir et placez-le au réfrigérateur. Dans une casserole, faites chauffer le café avec 30 cl de crème 35 %. Retirez du feu avant ébullition et réservez 30 min. Faites fondre le chocolat au bain-marie, puis retirez du feu. Passez la crème au café au tamis, puis versez sur le chocolat

fondu. Ajoutez le beurre et mélangez jusqu'à consistance lisse. Démoulez la bombe sur le plat de service et saupoudrez le dessus et les côtés des amaretti émiettés. Tapotez avec le dos d'une cuillère pour fixer les miettes à la crème glacée. Battez le reste de crème 35 % en chantilly au fouet électrique. À l'aide d'une poche à douille, déposez des petits tourbillons sur le dessus de la bombe. Décorez de grains de café enrobés de chocolat et servez accompagné de la crème au café encore chaude.

Voir variantes p. 228

Oranges givrées au chocolat

Pour 4 oranges

Vous pouvez préparer les oranges givrées longtemps à l'avance si vous les placez au congélateur emballées dans un sac en plastique alimentaire.

225 g (8 oz) de sucre cristallisé
4 grosses oranges

600 ml de sorbet à l'orange
55 g (2 oz) de chocolat noir à 60 % de cacao, râpé

Dans une casserole, faites chauffer le sucre avec 20 cl d'eau jusqu'à dissolution. Faites bouillir 3 à 4 min jusqu'à épaississement. Laissez refroidir.

Découpez une fine tranche sur le fond des oranges de sorte qu'elles tiennent bien droit sur un plat. Coupez le chapeau des oranges. Videz la pulpe à l'aide d'une petite cuillère et grattez la peau blanche. Nappez au pinceau l'intérieur de chaque orange de sirop de sucre en une couche épaisse et placez au congélateur une nuit entière.

Dans un saladier, battez légèrement et rapidement le sorbet à l'aide d'une cuillère en bois pour le ramollir. Placez-le dans une poche munie d'une douille large et dentelée et remplissez la moitié de chaque orange. Parsemez de chocolat râpé et comblez avec le reste de sorbet.

Recouvrez chaque orange de son chapeau. Servez aussitôt ou remettez quelques instants au congélateur si besoin.

Voir variantes p. 229

Mousse aux deux chocolats

Pour 4 mousses

Cette mousse est très riche. Pour un dessert plus léger, divisez la préparation en huit et servez dans des verres plus petits ou dans des tasses à café.

175 g (6 oz) de chocolat blanc
1 c. à s. de Cointreau
30 cl de crème 35 %

115 g (4 oz) de chocolat noir à la menthe
2 œufs, jaunes et blancs séparés
Quelques feuilles de menthe, pour le décor

Placez 4 grands verres à vin au réfrigérateur. Faites fondre le chocolat blanc avec le Cointreau et 2 ½ c. à s. d'eau au bain-marie. Battez la crème au fouet électrique jusqu'à consistance ferme. Incorporez au chocolat blanc fondu. Répartissez la préparation dans les 4 verres et placez au réfrigérateur en inclinant les verres à 45°. Laissez prendre 2 h.

Faites fondre le chocolat à la menthe au bain-marie. Ajoutez les jaunes d'œuf. Montez les blancs en neige au fouet électrique. Incorporez au chocolat fondu. Versez dans les verres et réservez 3 à 4 h au réfrigérateur.

Avant de servir, décorez les mousses de feuilles de menthe et de feuilles en chocolat (p. 150-151).

Voir variantes p. 230

Crème glacée au chocolat et aux noisettes

Pour 6 personnes

Le velouté de la crème glacée au chocolat se mêle au croustillant des noisettes grillées pour une exploration gustative des plus étonnantes.

60 cl de lait entier
2 gousses, ou ¼ c. à c. d'arôme de vanille
6 gros jaunes d'œuf
175 g (6 oz) de sucre en poudre

340 g (12 oz) de chocolat noir à 60 % de cacao, cassé en morceaux
30 cl de crème 35 %
115 g (4 oz) de noisettes, concassées et grillées

Faites chauffer le lait avec les gousses de vanille (ou l'arôme de vanille). Retirez du feu juste avant ébullition. Laissez infuser 30 min, puis ôtez les gousses. Dans un saladier, mélangez les jaunes d'œuf avec le sucre. Battez au fouet électrique jusqu'à consistance lisse. Ajoutez progressivement le lait vanillé, puis versez dans une casserole. Faites chauffer à feu doux, sans cesser de remuer et sans porter à ébullition, jusqu'à épaississement. La préparation doit accrocher au dos d'une cuillère. Retirez du feu et réservez. Faites fondre le chocolat au bain-marie, puis versez sur la préparation précédente. Mélangez jusqu'à texture lisse. Couvrez de papier sulfurisé légèrement humidifié et réservez 1 h au réfrigérateur. Battez la crème au fouet électrique jusqu'à consistance ferme et incorporez-la, avec les noisettes, à la préparation refroidie. Brassez dans une sorbetière jusqu'à épaississement. Versez dans un récipient hermétique, couvrez et placez au congélateur jusqu'à solidification. Réservez au congélateur jusqu'au moment de servir.

Voir variantes p. 231

Terrine aux trois chocolats

Pour 10 à 12 personnes

Gardez ce dessert en réserve au congélateur, il complètera parfaitement les repas improvisés. Tranchez très finement cette terrine pour en apprécier toute la saveur.

280 g (10 oz) de chocolat blanc,
    cassé en morceaux
280 g (10 oz) de chocolat noir à 60 % de cacao,
    cassé en morceaux

280 g (10 oz) de chocolat au lait,
    cassé en morceaux
85 cl de crème 35 %

Répartissez les morceaux des trois chocolats dans trois casseroles. Versez 1/3 de crème dans chaque casserole et faites chauffer à feu doux. Hors du feu, mélangez pour homogénéiser, puis laissez refroidir complètement.

Tapissez un moule à cake de 1 litre de contenance de film alimentaire. Dans une jatte, battez la préparation au chocolat blanc au fouet électrique jusqu'à consistance légère et mousseuse. Versez dans le moule et lissez la surface avec le dos d'une cuillère. Placez au congélateur 15 min. Battez le chocolat au lait de la même façon, puis versez dans la moule sur la première couche. Placez de nouveau au congélateur. Battez le chocolat noir et versez la préparation obtenue dans le moule. Couvrez la terrine de film alimentaire et placez au congélateur une nuit entière.

Sortez du congélateur 15 min avant de servir. Ôtez le film alimentaire, démoulez sur le plat de service et servez aussitôt. Passez le couteau sous l'eau chaude pour faciliter le découpage en tranches fines.

Voir variantes p. 232

Petits pots de chocolat

Pour 6 pots

Même les plus raisonnables ne résisteront pas à ces petits pots terriblement savoureux !

30 cl de crème 35 %
175 g (6 oz) de chocolat noir à 60 % de cacao,
   cassé en morceaux

2 œufs
2 c. à s. de café noir fort
2 c. à s. de Kahlua

Dans une casserole, faites chauffer la crème. Retirez du feu avant ébullition, puis réservez. Dans la cuve d'un robot ménager, mélangez le chocolat noir, les œufs, le café et le Kahlua jusqu'à homogénéité. Versez la crème chaude sur le mélange par la cheminée du robot, sans cesser de mélanger : la préparation doit avoir une couleur uniforme. Répartissez-la dans 6 tasses à expresso, puis réservez 2 h au réfrigérateur.

Les petits pots se conservent 3 jours au réfrigérateur.

Voir variantes p. 233

Variantes

Terrine choco, gingembre et safran

Recette de base p. 211

Terrine rayée choco, gingembre et safran
Suivez la recette de base. Superposez la crème glacée au chocolat et aux noisettes et celle au gingembre dans le moule en 4 couches. Saupoudrez chaque couche de 1 c. à s. de pralin, émietté.

Bombe glacée choco, gingembre et safran
Préparez le dessert dans un saladier de 1 litre de contenance tapissé de film alimentaire. Placez au congélateur. Quand la préparation est solidifiée, démoulez-la sur le plat de service et parsemez de 6 c. à s. de chocolat noir râpé. À l'aide d'une poche à douille, décorez la bombe de crème fouettée et de lamelles de gingembre confit. Servez aussitôt.

Terrine choco, confiture de gingembre et safran
Suivez la recette de base, en remplaçant le miel par la même quantité de gelée de gingembre.

Bombe glacée choco-vanille
Suivez la recette de base, en remplaçant le gingembre confit, le sirop de gingembre, le gingembre moulu et le safran par une gousse de vanille fendue.

Crème glacée à la menthe et aux pépites de chocolat

Recette de base p. 213

Crème glacée allégée à la menthe et aux pépites de chocolat
Suivez la recette de base, en remplaçant le lait entier par du lait écrémé et la crème 35 % par un équivalent allégé en matière grasse.

Crème glacée à la menthe et au chocolat blanc
Suivez la recette de base, en ajoutant 55 g (2 oz) de chocolat blanc grossièrement râpé à la préparation.

Tourbillons de crème glacée à la menthe et aux pépites de chocolat, coulis de chocolat
Suivez la recette de base. Émiettez 55 g (2 oz) de biscuits sablés. Mettez la crème glacée brassée, cuillerée par cuillerée, dans un récipient hermétique en saupoudrant chaque cuillerée de sablé. Déposez sur chaque motte 1 c. à c. de coulis de chocolat prêt à l'emploi.

Crème glacée aux éclats de menthe et aux pépites de chocolat
Suivez la recette de base. Enfermez 8 bonbons à la menthe dans un sac en plastique alimentaire et écrasez-les au rouleau. Incorporez-les à la crème glacée en même temps que le chocolat râpé.

Variantes

Bombe glacée au café et au Kahlua, crème café

Recette de base p. 214

Bombe glacée au chocolat, crème café
Suivez la recette de base, en ajoutant 85 g (3 oz) de chocolat blanc, cassé en morceaux, à la préparation de la crème glacée et en remplaçant le café par 55 g (2 oz) de chocolat noir fondu.

Bombe glacée pralinée au café et au Kahlua, crème café
Suivez la recette de base, en incorporant 4 c. à s. de pralin émietté à la préparation de la crème glacée.

Bombe glacée au café, crème café
Suivez la recette de base, en remplaçant le Kahlua par 5 c. à s. de café fort refroidi.

Bombes glacées individuelles au café et au Kahlua, crème café
Suivez la recette de base, en répartissant la préparation dans 6 à 8 tasses à café ou dans des verrines. Lissez la surface, placez au congélateur jusqu'à solidification puis démoulez. À l'aide d'une poche à douille, déposez un peu de crème fouettée sur chaque bombe et saupoudrez d'amaretti émiettés. Au moment de servir, versez en filet un peu de sauce sur chaque dessert.

Variantes

Oranges givrées au chocolat

Recette de base p. 217

Citrons givrés au chocolat
Suivez la recette de base, en remplaçant les oranges par des citrons. Placez
les citrons en longueur plutôt qu'en hauteur, et remplacez le sorbet à l'orange
par un sorbet au citron.

Oranges givrées au chocolat et à la mangue
Suivez la recette de base, en remplaçant le sorbet à l'orange par un sorbet
à la mangue.

Pamplemousses givrés, duo de crèmes glacées au chocolat
Suivez la recette de base, en remplaçant les oranges par des pamplemousses.
Ajoutez à la liste des ingrédients 600 ml de sorbet au citron. À l'aide d'une
poche à douille, déposez à l'intérieur des pamplemousses des couches de
sorbet à l'orange et de sorbet au citron en alternance. Saupoudrez chaque
couche de chocolat râpé.

Oranges givrées au chocolat et aux framboises
Suivez la recette de base, en remplaçant le sorbet à l'orange par un sorbet
à la framboise, et le chocolat noir par la même quantité de chocolat blanc.

Mousse aux deux chocolats

Recette de base p. 218

Mousse aux deux chocolats et à l'orange
Suivez la recette de base, en ajoutant 2 c. à c. de zeste d'orange
à la première préparation.

Mousse aux deux chocolats et au Drambuie
Suivez la recette de base, en remplaçant le Cointreau[MD] par la même quantité
de Drambuie.

Mousse aux deux chocolats et au whisky
Suivez la recette de base, en remplaçant le Cointreau par la même quantité
de whisky.

Verrines de fête aux deux chocolats
Suivez la recette de base, en versant les deux mousses dans des verrines.
Placez une cuillère à dessert dans chaque verrine et disposez le tout sur
un plateau de service.

Variantes

Crème glacée au chocolat et aux noisettes

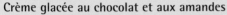

Recette de base p. 221

Crème glacée au chocolat et aux amandes
Suivez la recette de base, en remplaçant les noisettes par la même quantité
d'amandes, concassées et grillées.

Tourbillons de crème glacée au chocolat et aux noisettes
Suivez la recette de base. Mettez la crème glacée brassée, cuillerée par
cuillerée, dans un récipient hermétique et déposez sur chaque motte
une cuillerée de coulis de chocolat prêt à l'emploi.

Crème glacée au chocolat et aux cerises
Suivez la recette de base, en remplaçant les noisettes par la même quantité
de cerises confites, grossièrement hachées.

Bâtonnets de crème glacée au chocolat et aux noisettes
Suivez la recette de base. Versez la préparation dans des moules à bâtons
de glace (le nombre de moules dépendra de leur contenance). Placez au
congélateur jusqu'à solidification.

Variantes

Terrine aux trois chocolats

Recette de base p. 222

Terrine croquante aux trois chocolats
Suivez la recette de base, en parsemant de 55 g (2 oz) de chaque chocolat la mousse qui lui correspond avant de battre au fouet électrique.

Terrine aux trois chocolats noirs
Suivez la recette de base, en remplaçant les trois chocolats par les mêmes quantités de chocolat noir à l'orange, de chocolat noir à la menthe et de chocolat noir à 70 % de cacao.

Terrine pralinée au chocolat
Suivez la recette de base, en ajoutant à chaque mousse 30 g (1 oz) de pralin avant de battre au fouet électrique.

Carrés glacés au chocolat
Suivez la recette de base, en répartissant les mousses dans les compartiments d'un bac à glaçons (assortissez comme bon vous semble les trois mousses dans les cubes). Placez au congélateur jusqu'à solidification. Démoulez les carrés dans un récipient placé sur un saladier rempli de glaçons, et servez accompagné de piques pour l'apéritif.

Variantes

Petits pots de chocolat

Recette de base p. 225

Petits pots de chocolat pralinés
Suivez la recette de base, en remplaçant le chocolat noir par la même quantité
de chocolat au lait et en ajoutant 3 c. à s. de pralin, grossièrement concassé,
à la préparation.

Petits pots de chocolat à l'orange
Suivez la recette de base, en remplaçant le chocolat noir par la même quantité
de chocolat noir à l'orange. Remplacez le café et le Kahlua par du Cointreau
et du jus d'orange, dans les mêmes quantités. Ajoutez 1 c. à c. de zeste d'orange.

Petits pots de chocolat blanc
Suivez la recette de base, en remplaçant le chocolat noir par la même quantité
de chocolat blanc. Remplacez le café par 1 c. à s. de miel liquide et
le Kahlua par 3 c. à s. de lait.

Petits pots de chocolat au Baileys
Suivez la recette de base, en remplaçant le chocolat noir par 175 g (6 oz) de
chocolat au lait et le Kahlua par 4 c. à s. de Baileys. Supprimez le café.

Petits-fours et friandises

Confectionnez ces petits délices par
dizaines et offrez-les à l'heure du café
ou à Noël. À moins que vous ne préfériez
les garder jalousement pour vous !

Bouchées fruitées au chocolat

Pour 200 g de bouchées

Utilisez un bac à glaçons : vos bouchées auront une forme parfaite.

175 g (6 oz) de chocolat au lait
2 c. à s. de canneberges sucrées et
déshydratées, hachées en morceaux

2 c. à s. d'écorces d'orange confites, hachées
en morceaux

Faites fondre le chocolat au bain-marie. Lavez et séchez un bac à glaçons. Répartissez le chocolat fondu dans les compartiments sur au moins 1 cm de hauteur.

Décorez chaque bouchée de canneberges et d'écorce d'orange, appuyez légèrement avec le doigt pour que les fruits s'enfoncent dans le chocolat. Laissez prendre au réfrigérateur.

Voir variantes p. 250

Œuf de Pâques marbré

Pour 1 œuf

Choisissez des moules en polycarbonate : très résistants, ils assurent un fini brillant.

85 g (3 oz) de chocolat noir à 60 % de cacao
2 grands moules demi-coquille d'œuf lisses

85 g (3 oz) de chocolat blanc
85 g (3 oz) de chocolat au lait

Faites fondre le chocolat noir au bain-marie, puis versez-le dans une poche munie d'une douille étroite et ronde. Dessinez des méandres de chocolat fondu sur les parois intérieures et le long des bords de chaque demi-moule. Réservez 10 min au réfrigérateur. Faites fondre le chocolat blanc et répétez l'opération, en comblant les zones vides. Réservez de nouveau 10 min au réfrigérateur. Faites fondre le chocolat au lait au bain-marie et étalez-le, à l'aide d'une cuillère à café, sur toute la surface intérieure des demi-moules : veillez à ce qu'il ne reste aucun espace vide. Si certaines zones manquent d'épaisseur, ajoutez-y un peu de chocolat fondu. Laissez durcir 1 h au réfrigérateur. Raclez délicatement les bords des moules avec une spatule triangulaire pour égaliser et retirer les débordements. Faites fondre un peu de chocolat noir au bain-marie. Démoulez avec précaution les demi-coquilles en tapotant les bords du moule sur le plan de travail et en les écartant légèrement. Assemblez les deux moitiés en nappant les bords de chocolat fondu et ajustez-les bien — avant cette opération, vous pouvez garnir l'œuf de friandises de Pâques. Enveloppez l'œuf dans du papier Cellophane et nouez avec un ruban. Conservez-le jusqu'au jour de Pâques dans un endroit bien sec, frais et sombre.

Voir variantes p. 251

Croquants choco-amandes

Pour 30 croquants environ

À grignoter à n'importe quel moment de la journée et à emporter partout, ces croquants, véritables sources d'énergie, couperont les petites faims.

115 g (4 oz) d'amandes entières mondées
85 g (3 oz) de chocolat noir à 60 % de cacao
   de qualité supérieure

Cacao amer en poudre

Faites griller les amandes 30 secondes dans une poêle à revêtement antiadhésif. Faites fondre le chocolat au bain-marie.

Mélangez délicatement les amandes et le chocolat fondu.

Saupoudrez de cacao une plaque de cuisson tapissée de papier sulfurisé et déposez une trentaine de cuillerées à café d'amandes enrobées de chocolat.

Laissez le chocolat durcir quelques instants, puis roulez les croquants dans le cacao.

Servez dans des caissettes en papier.

Voir variantes p. 252

Pommes d'amour multicolores

Pour 4 pommes d'amour

Cette variante des pommes d'amour traditionnelles remportera un grand succès lors des goûters d'enfants.

4 pommes à chair ferme, nettoyées	4 piques en bois
55 g (2 oz) de caramels mous, cassés en morceaux	85 g (3 oz) de chocolat au lait
455 g (1 lb) de sucre en poudre	1 c. à s. de vermicelle multicolore

Ôtez le trognon des pommes à l'aide d'un vide-pomme. Garnissez le cœur des pommes de morceaux de caramels mous. Dans une casserole, faites chauffer à feu doux le sucre avec 4 c. à s. d'eau jusqu'à dissolution. Portez à ébullition 3 à 4 min pour atteindre une température de 250 °F (120 °C) — utilisez un thermomètre à sucre. Plongez une cuillerée à café de sirop dans l'eau froide : elle doit former une petite boule épaisse et souple.

Insérez une pique en bois dans les pommes. Trempez les fruits dans le sirop encore chaud. Tournez-les pour les recouvrir entièrement de sirop. Placez les pommes sur une feuille de papier sulfurisé et laissez refroidir.

Faites fondre le chocolat au bain-marie. Laissez tiédir 5 min. Plongez le haut de chaque pomme dans le chocolat fondu et saupoudrez de vermicelle. Placez les pommes debout dans des verres et laissez le chocolat durcir.

Voir variantes p. 253

Truffes au chocolat

Pour 25 à 30 truffes

Ces truffes accompagneront de façon gourmande le café pris en fin de repas. Emballées dans une boîte, elles feront également un présent très apprécié.

85 g (3 oz) de chocolat noir à 60 % de cacao
85 g (3 oz) de chocolat au lait
55 g (2 oz) de beurre doux
12 cl de crème 15 %

3 c. à s. de rhum blanc ou ambré
30 g (1 oz) de poudre d'amandes
Cacao amer en poudre

Faites fondre les deux chocolats au bain-marie.

Hors du feu, ajoutez le beurre et mélangez jusqu'à consistance lisse. Incorporez la crème, le rhum et la poudre d'amandes. Réservez 2 h au réfrigérateur : la pâte doit être ferme.

À l'aide d'une cuillère à café ou d'une cuillère à pomme parisienne, prélevez des boules de ganache. Placez les truffes sur un plat et réservez 1 h au réfrigérateur.

Déposez les truffes dans le cacao en poudre et faites-les rouler en inclinant le récipient pour qu'elles soient recouvertes uniformément. Placez-les dans des caissettes en papier.

Conservez les truffes au réfrigérateur dans un récipient hermétique.

Voir variantes p. 254

Mini-bûches de Noël

Pour environ 35 mini-bûches

Une version miniature de la traditionnelle bûche de Noël, pour accompagner une tasse de chocolat brûlant et réchauffer les hivers rudes.

20 cl de crème 15 %
455 g (1 lb) de chocolat noir à 60 % de cacao, cassé en morceaux
12 cl d'eau-de-vie
55 g (2 oz) de noisettes, concassées et grillées

30 g (1 oz) de cacao amer en poudre
55 g (2 oz) de fondant blanc prêt à l'emploi
Quelques gouttes de colorant alimentaire vert et rouge
Un emporte-pièce en forme de feuille de houx

Dans une casserole, portez à ébullition la crème. Hors du feu, ajoutez les morceaux de chocolat et remuez jusqu'à consistance lisse et crémeuse. Laissez tiédir 15 min. Ajoutez l'eau-de-vie, puis répartissez la préparation obtenue dans 2 bols. Dans l'un d'eux, incorporez les noisettes et mélangez délicatement. Couvrez les bols de film alimentaire et réservez 3 h au réfrigérateur. À l'aide d'une poche munie d'une large douille ronde, formez 4 boudins de pâte aux noisettes sur une plaque de cuisson tapissée de papier sulfurisé. Dessinez des entailles à la fourchette. Laissez durcir au réfrigérateur. À l'aide d'une cuillère à café, formez une quinzaine de petites truffes avec le mélange au chocolat refroidi et saupoudrez de cacao. À l'aide d'un couteau bien aiguisé, tranchez les boudins pour obtenir une vingtaine de petites bûches de 2,5 cm de long environ. Saupoudrez de cacao. Placez les petits-fours dans des caissettes en papier. Colorez ¾ du glaçage en vert, et le reste en rouge. Étalez le glaçage vert sur un plan de travail saupoudré de sucre glace et découpez 35 petites feuilles de houx à l'emporte-pièce.

Façonnez au doigt des petites baies rondes avec le glaçage rouge. Décorez chaque friandise d'une feuille et d'une baie, en appuyant légèrement.

Les mini-bûches se conservent 7 jours au réfrigérateur, dans un récipient hermétique.

Voir variantes p. 255

Mini-éclairs chocolat blanc-fruit de la Passion

Pour 24 mini-éclairs

Si vous servez ces mini-éclairs en dessert, prévoyez-en trois par personne.

55 g (2 oz) de beurre doux
65 g (2 ½ oz) de farine, tamisée
2 œufs, légèrement battus
175 g (6 oz) de chocolat blanc, cassé en morceaux

3 fruits de la Passion
20 cl de crème 35 %
1 c. à s. de sucre à glacer

Préchauffez le four à 425 °F (220 °C). Dans une casserole, portez à ébullition le beurre avec 15 cl d'eau. Hors du feu, incorporez la farine. Battez à l'aide d'une cuillère en bois jusqu'à consistance lisse : la pâte doit faire une boule. Laissez refroidir 2 min. Ajoutez petit à petit les œufs, sans cesser de battre, pour un rendu lisse et brillant. À l'aide d'une poche munie d'une douille moyenne de forme ronde, couchez des rouleaux de pâte de 5 cm de long, bien espacés, sur une plaque de cuisson tapissée de papier sulfurisé. Enfournez 15 min : les éclairs doivent avoir bien monté et présenter une jolie couleur dorée. Sortez du four. Percez l'extrémité de chaque éclair avec la pointe d'un couteau pour laisser échapper la vapeur. Déposez les éclairs sur une grille et laissez refroidir complètement. Faites fondre le chocolat au bain-marie. Coupez les éclairs en deux dans le sens de la longueur. Trempez les chapeaux dans le chocolat fondu, puis déposez-les sur une grille et laissez refroidir complètement. Dans une jatte, battez la crème avec le sucre à glacer au fouet électrique jusqu'à consistance ferme. Coupez en deux les fruits de la Passion et ôtez-en la pulpe à l'aide d'une cuillère

à café. Incorporez-la délicatement à la crème fouettée. Garnissez la base des éclairs de crème, puis soudez-la avec un chapeau. Disposez les éclairs sur le plat de service et réservez au réfrigérateur jusqu'au moment de servir. Consommez-les le jour même de préférence ou conservez-les 2 jours au réfrigérateur.

Voir variantes p. 256

Chocolats à la liqueur

Pour 20 chocolats

Servez ces friandises avec une tasse de chocolat bien chaud. Laissez fondre un chocolat dans la tasse, la liqueur qu'il contient aromatisera subtilement la boisson.

175 g (6 oz) du chocolat de votre choix   8 c. à s. de liqueur ou d'alcool de votre choix

Faites fondre le chocolat au bain-marie. À l'aide d'une cuillère à café, couvrez généreusement le fond et les bords de 20 caissettes en papier avec 2/3 du chocolat fondu. Déposez les caissettes à l'envers sur une grille et laissez durcir.

Dessinez 20 petits cercles sur une feuille de papier sulfurisée, en utilisant une caissette comme gabarit. Au centre de chaque cercle, déposez une cuillérée à café du reste de chocolat fondu, puis étalez à l'aide du dos d'une cuillère à café. Déposez la feuille de papier sulfurisé sur une grille et laissez durcir.

Retirez avec soin les caissettes en papier pour obtenir leurs répliques en chocolat. Remplissez de liqueur à 2/3 de la hauteur. À l'aide d'un couteau à large lame, décollez les disques en chocolat du papier sulfurisé et réservez. Faites fondre un peu de chocolat au bain-marie et étalez-le au pinceau sur les bords des disques. Posez un disque sur chaque caissette en chocolat et appuyez légèrement pour faire adhérer les deux parties. Déposez les chocolats sur une grille et laissez refroidir complètement.

Voir variantes p. 257

Variantes

Bouchées fruitées au chocolat

Recette de base p. 235

Bouchées au chocolat, aux noix de pécan et aux myrtilles
Suivez la recette de base, en remplaçant les canneberges et les écorces
d'orange par 2 c. à s. de myrtilles déshydratées hachées et 2 c. à s. de noix
de pécan concassées.

Bouchées au chocolat, au caramel et aux noix
Suivez la recette de base, en remplaçant le chocolat au lait par du chocolat
au lait au caramel et les canneberges et les écorces d'orange par 2 c. à s.
de noix de cajou concassées et 2 c. à s. de noix du Brésil concassées.

Bouchées marbrées au chocolat et aux amandes
Suivez la recette de base, en utilisant 85 g (3 oz) de chocolat noir et
85 g (3 oz) de chocolat blanc. Mettez un peu de chaque chocolat dans
les compartiments d'un bac à glaçons et mêlez à l'aide d'un pic ou d'une
brochette. Remplacez les canneberges par 2 c. à s. d'amandes effilées grillées.

Bouchées acidulées au chocolat, à la noix de coco et aux cerises
Suivez la recette de base, en remplaçant les canneberges et les écorces
d'orange par 1 ½ c. à s. de cerises acides déshydratées hachées et 1 c. à s.
de noix de coco déshydratée grillée.

Œuf de Pâques marbré

Recette de base p. 237

Œuf de Pâques à la menthe

Suivez la recette de base, en utilisant 255 g (9 oz) de chocolat noir à la menthe.
Faites fondre la moitié du chocolat et versez dans les demi-moules. Laissez refroidir
10 min. Répétez l'opération avec le reste de chocolat.

Œuf de Pâques au chocolat blanc et aux noisettes

Suivez la recette de base, en utilisant 255 g (9 oz) de chocolat blanc. Faites fondre
la moitié du chocolat et versez dans les demi-moules. Saupoudrez de 1 c. à s. de
noisettes concassées et grillées. Laissez refroidir 10 min. Répétez l'opération avec
le reste de chocolat.

Œuf de Pâques truffé

Suivez la recette de base, en utilisant 255 g (9 oz) de chocolat au lait. Faites fondre
la moitié du chocolat et versez dans les demi-moules. Laissez refroidir 10 min, puis
répétez l'opération avec le reste de chocolat. Garnissez de truffes (p. 242) avant
d'assembler les deux moitiés de l'œuf.

Œuf de Pâques aux fruits et aux noix

Suivez la recette de base, en utilisant 255 g (9 oz) de chocolat au lait. Faites fondre
la moitié du chocolat et versez dans les demi-moules. Concassez grossièrement
55 g (2 oz) d'un mélange de fruits secs et de noix, et saupoudrez-en les moules.

Variantes

Croquants choco-amandes

Recette de base p. 238

Croquants au chocolat et aux noix du Brésil
Suivez la recette de base, en remplaçant les amandes par la même quantité de noix du Brésil, sans les faire griller. Placez une par une les noix enrobées de chocolat sur la plaque saupoudrée de cacao.

Croquants au chocolat et aux cacahuètes
Suivez la recette de base, en remplaçant la moitié des amandes par des cacahuètes non salées et le chocolat noir par la même quantité de chocolat blanc.

Croquants aux noix de macadamia et à l'orange
Suivez la recette de base, en remplaçant les amandes par la même quantité de noix de macadamia entières et en ajoutant au chocolat noir 2 c. à s. d'écorce d'orange confite râpée.

Variantes

Pommes d'amour multicolores

Recette de base p. 241

Pommes d'amour aux noisettes
Suivez la recette de base, en remplaçant le vermicelle multicolore par
2 c. à s. de noisettes concassées et grillées.

Pommes d'amour aux marshmallows
Suivez la recette de base, en supprimant le vermicelle multicolore. Saupoudrez
sur chaque pomme 1 c. à s. de pépites de chocolat blanc et quelques mini-
marshmallows blancs.

Pommes d'amour aux cacahuètes
Suivez la recette de base, en supprimant le vermicelle multicolore. Saupoudrez
sur chaque pomme 1 c. à s. de cacahuètes concassées et grillées.

Pommes d'amour
Suivez la recette de base, en ajoutant un peu de colorant alimentaire rouge
au mélange sucre-eau avant de porter à ébullition.

Variantes

Truffes au chocolat

Recette de base p. 242

Truffes au chocolat et à l'orange
Suivez la recette de base, en remplaçant le rhum par la même quantité
de Cointreau^{MD} et le cacao amer par du sucre à glacer.

Truffes au chocolat et à la cerise
Suivez la recette de base, en supprimant le rhum. Ajoutez à la ganache
115 g (4 oz) de cerises confites, macérées une nuit entière dans 3 c. à s. d'eau-
de-vie. Remplacez le cacao amer par 115 g (4 oz) de chocolat blanc fondu.

Truffes au chocolat et aux raisins secs
Suivez la recette de base, en supprimant le rhum. Ajoutez à la ganache
115 g (4 oz) de raisins secs, macérés une nuit entière dans 4 c. à s. de rhum.
Remplacez le cacao amer par 115 g (4 oz) de chocolat noir agrémenté de
2 c. à s. de noisettes concassées et grillées.

Truffes au chocolat et à la vanille
Suivez la recette de base, en ajoutant les graines de 2 gousses de vanille.
Supprimez le rhum. Remplacez le cacao amer par du chocolat au lait râpé.

Truffes au champagne
Suivez la recette de base, en remplaçant le rhum par la même quantité
de champagne et le cacao amer par du chocolat blanc râpé.

Variantes

Mini-bûches de Noël

Recette de base p. 244

Mini-bûches de Noël à la caroube
Suivez la recette de base, en remplaçant le cacao par de la poudre de
caroube et le chocolat noir par du chocolat noir à l'orange, dans
les mêmes quantités.

Truffes de Noël à l'amaretto
Suivez la recette de base, en remplaçant l'eau-de-vie par la même quantité
d'amaretto. Formez des boules. Saupoudrez une moitié de cacao amer en
poudre, l'autre moitié de sucre glace.

Truffes au rhum et à la noix de coco
Suivez la recette de base, en remplaçant l'eau-de-vie par la même quantité
de Malibu ou de rhum blanc. Formez des boules et saupoudrez-les
de 30 g (1 oz) de noix de coco déshydratée.

Variantes

Mini-éclairs chocolat blanc-fruit de la Passion

Recette de base p. 246

Mini-éclairs chocolat blanc-framboises
Suivez la recette de base, en remplaçant les fruits de la Passion par
115 g (4 oz) de framboises hachées.

Mini-éclairs à la crème glacée au chocolat
Suivez la recette de base, en remplaçant la garniture à la crème fouettée
par une boule de crème glacée au chocolat. Servez aussitôt.

Mini-éclairs au sorbet exotique
Suivez la recette de base, en remplaçant la garniture à la crème fouettée par
une boule de sorbet aux fruits de la Passion ou à la mangue. Servez aussitôt.

Mini-éclairs chocolat blanc-fraises
Suivez la recette de base, en remplaçant les fruits de la Passion par
115 g (4 oz) de fraises finement hachées.

Variantes

Chocolats à la liqueur

Recette de base p. 249

Chocolats à la cerise
Suivez la recette de base, en utilisant du chocolat blanc et du kirsch, dans les mêmes quantités, et en ajoutant la moitié d'une cerise confite dans chaque caissette en chocolat.

Chocolats au Kahlua
Suivez la recette de base, en utilisant du chocolat noir et du Kahlua[MD], dans les mêmes quantités, et en ajoutant un grain de café enrobé de chocolat dans chaque caissette en chocolat.

Chocolats à la menthe
Suivez la recette de base, en utilisant du chocolat noir à la menthe et de la crème de menthe, dans les mêmes quantités.

Chocolats à l'orange et au whisky
Suivez la recette de base, en utilisant du chocolat noir à l'orange et du whisky (Southern Comfort).

Boissons, coulis et glaçages

Lisses et crémeux, exquis et généreux. Un dessert

au chocolat n'est pas complet sans un filet

de coulis, une touche de crème ou un glaçage

soyeux au chocolat.

Glaçage beurre-chocolat

Pour le dressage d'un gâteau Victoria de 20 cm de diamètre (p. 29)

Ce glaçage mousseux est idéal pour le dressage des gâteaux d'anniversaire.

85 g (3 oz) de beurre doux
175 g (6 oz) de sucre à glacer

30 g (1 oz) de cacao amer en poudre
1 c. à s. de lait

Dans une jatte, battez le beurre pour le ramollir.

Tamisez le sucre à glacer et le cacao sur le beurre ramolli, puis battez jusqu'à homogénéité.

Ajoutez le lait à la préparation précédente et battez jusqu'à consistance mousseuse.

Le glaçage se conserve 3 jours dans un récipient hermétique.

Voir variantes p. 274

Glaçage au chocolat

Pour 15 cl de glaçage environ

Ce glaçage brillant est parfait pour dessiner des zébrures à la fourchette, napper des muffins, ou pour un décor nécessitant une poche à douille.

140 g (5 oz) de sucre à glacer, tamisé
2 c. à c. de beurre doux

1 c. à s. de cacao amer en poudre
2 c. à s. de lait

Faites chauffer tous les ingrédients ensemble au bain-marie.

Mélangez jusqu'à obtention d'une texture lisse et brillante.

Utilisez aussitôt.

Voir variantes p. 275

Glaçage au fromage cottage et au chocolat

Pour le garnissage d'une génoise de 20 cm de diamètre

Tous les desserts que vous dressez avec ce glaçage devront être conservés au frais, car il contient du fromage frais.

115 g (4 oz) de fromage cottage à 20 % de M. G.   115 g (4 oz) de chocolat blanc, fondu
115 g (4 oz) de sucre à glacer, tamisé

Dans un saladier, battez tous les ingrédients 2 min jusqu'à consistance lisse et mousseuse. Si le mélange obtenu est trop épais, ajoutez un peu de lait sans cesser de battre jusqu'à obtenir la texture désirée.

Le glaçage se conserve au réfrigérateur, dans un récipient hermétique, jusqu'à utilisation.

Voir variantes p. 276

Ganache au chocolat au lait

Pour le dressage d'un gâteau de 20 cm de diamètre, dessus et côtés

La ganache est un mélange de crème et de chocolat, pour garnir et décorer gâteaux et petits fours. Elle sert également de base pour la confection des truffes.

30 cl de crème 15 %   280 g (10 oz) de chocolat au lait

Dans une casserole, mélangez la crème et le chocolat, puis faites fondre à feu doux. Laissez tiédir 2 min : la texture doit être soyeuse. Réservez au réfrigérateur jusqu'à obtention de la consistance voulue.

Cette ganache se conserve 1 semaine au réfrigérateur, dans un récipient hermétique. Avant de l'utiliser, laissez-la se réchauffer à température ambiante, puis battez-la pour lui redonner une consistance légère et mousseuse.

Voir variantes p. 277

Crème pâtissière au chocolat au lait

Pour le dressage de 2 gâteaux roulés (p. 26) ou de 2 gâteaux Victoria (p. 29)

Cette crème riche et onctueuse peut être réalisée avec tout type de chocolat. On l'utilise pour garnir les gâteaux roulés et les mille-feuilles.

115 g (4 oz) de sucre en poudre
3 c. à s. de fécule de maïs
4 jaunes d'œufs

1 c. à c. d'arôme de vanille
60 cl de lait
55 g (2 oz) de chocolat au lait, finement concassé

Dans une jatte, mélangez le sucre, la fécule de maïs , les jaunes d'œufs, l'arôme de vanille et 3 c. à s. de lait jusqu'à mélange lisse. Dans une casserole, portez à ébullition le reste de lait.

Retirez la casserole du feu et versez le lait sur la première préparation.

Versez de nouveau le mélange dans la casserole et portez à ébullition, sans cesser de remuer, jusqu'à épaississement. Ôtez du feu et incorporez le chocolat. Mélangez bien.

Couvrez d'une feuille de papier sulfurisé humidifiée et laissez refroidir avant utilisation.

La crème pâtissière se conserve 2 jours au réfrigérateur, dans un récipient hermétique.

Voir variantes p. 278

Chocolat chaud suprême

Pour 2 tasses

Une boisson à déguster pendant les soirées sombres et froides d'hiver.

60 cl de lait
175 g (6 oz) de chocolat au lait,
    cassé en morceaux
15 cl de crème 15 %

10 mini-marshmallows
1 pincée de noix de muscade moulue
2 biscuits au chocolat, pour la dégustation

Dans une casserole, faites fondre à feu doux le lait et le chocolat. Mélangez jusqu'à texture lisse, puis faites chauffer de nouveau. Retirez du feu juste avant ébullition, puis réservez.

Battez la crème bien froide en chantilly au fouet électrique.

Répartissez les mini-marshmallows dans 2 grandes tasses et versez le mélange lait-chocolat bien chaud.

Répartissez la crème Chantilly dans les 2 tasses. Ajoutez une pincée de noix de muscade et servez accompagné d'un biscuit au chocolat.

Voir variantes p. 279

Coulis au chocolat amer

Pour 6 personnes

Ni plus, ni moins, le meilleur coulis au chocolat !

225 g (8 oz) de chocolat noir de qualité
  supérieure, à 70 % de cacao
15 cl de lait

3 c. à s. de crème 15 %
2 c. à s. de sucre en poudre
2 c. à s. de beurre doux

Faites fondre le chocolat au bain-marie. Dans une casserole, mélangez le lait, la crème et le sucre et portez à ébullition. Retirez du feu et versez sur le chocolat fondu, sans cesser de remuer.

Versez le mélange de nouveau dans la casserole et portez rapidement à ébullition, puis retirez immédiatement du feu. Ajoutez progressivement le beurre sans cesser de battre : le coulis doit avoir une texture lisse et brillante. Servez aussitôt.

Le coulis s'épaissit en refroidissant, il suffit de le réchauffer au bain-marie pour le fluidifier.

Il se conserve 3 jours au réfrigérateur.

Voir variantes p. 280

Coulis au chocolat blanc et à la menthe

Pour 6 personnes

Un coulis à la fois crémeux et rafraîchissant, qui accompagne à merveille les fruits d'été et les meringues.

12 cl de lait	20 feuilles de menthe fraîche
25 cl de crème 35 %	255 g (9 oz) de chocolat blanc

Dans une casserole, mélangez le lait et la crème et portez à ébullition. Hors du feu, ajoutez les feuilles de menthe, couvrez et laissez infuser 15 min.

Faites fondre le chocolat blanc au bain-marie, puis mélangez jusqu'à consistance lisse. Passez la première préparation au tamis, puis versez sur le chocolat fondu. Mélangez jusqu'à homogénéité. Versez le mélange de nouveau dans la casserole et portez à ébullition sans cesser de remuer, puis retirez du feu. Servez aussitôt.

Le coulis s'épaissit en refroidissant, il suffit de le réchauffer au bain-marie pour le fluidifier.

Il se conserve 3 jours au réfrigérateur.

Voir variantes p. 281

Variantes

Glaçage beurre-chocolat

Recette de base p. 259

Glaçage beurre-chocolat allégé
Suivez la recette de base, en remplaçant le beurre par du beurre allégé.

Glaçage beurre-chocolat aux noisettes
Suivez la recette de base, en ajoutant 3 c. à s. de pâte à tartiner à la préparation.

Glaçage beurre-chocolat à l'orange
Suivez la recette de base, en remplaçant le lait par 1 c. à s. de zeste d'orange et ½ c. à c. d'arôme d'orange.

Glaçage beurre-chocolat au citron et à l'amande
Suivez la recette de base, en remplaçant le lait par 1 c. à s. de zeste de citron et ½ c. à c d'arôme d'amande douce.

Glaçage beurre-chocolat aux noix
Suivez la recette de base, en ajoutant 55 g (2 oz) de noix, grossièrement concassées, à la préparation.

Glaçage beurre-chocolat au café
Suivez la recette de base, en remplaçant le lait par 1 c. à s. d'extrait de café et de chicorée.

Variantes

Glaçage au chocolat

Recette de base p. 261

Glaçage au chocolat et au citron
Suivez la recette de base, en remplaçant le lait par 1 c. à c. de zeste de citron
et 1 à 2 c. à s. de jus de citron.

Glaçage au chocolat et à l'orange
Suivez la recette de base, en remplaçant le lait par 1 c. à c. de zeste d'orange
et 1 à 2 c. à s. de jus d'orange.

Glaçage au chocolat et au fruit de la Passion
Suivez la recette de base, en remplaçant le lait par 2 c. à s. de pulpe de fruit
de la Passion.

Glaçage au chocolat et au café
Suivez la recette de base, en remplaçant le lait par 1 c. à c. de café moulu
instantané, dissous dans 1 à 2 c. à s. d'eau.

Glaçage au chocolat et à la framboise
Suivez la recette de base, en remplaçant le lait par 2 c. à s. de framboises
écrasées.

Variantes

Glaçage au fromage cottage et au chocolat

Recette de base p. 262

Glaçage au fromage cottage, au chocolat et à la menthe
Suivez la recette de base, en ajoutant 2 à 3 gouttes d'arôme de menthe
à la préparation.

Glaçage au fromage cottage et à l'orange
Suivez la recette de base, en ajoutant 1 à 2 c. à c. de zeste d'orange
à la préparation.

Glaçage au fromage cottage et au miel
Suivez la recette de base, en ajoutant 1 à 2 c. à c. de miel chaud à la
préparation.

Glaçage au fromage cottage et à la cerise
Suivez la recette de base, en ajoutant 1 à 2 c. à c. de confiture de cerises
à la préparation.

Ganache au chocolat au lait

Recette de base p. 265

Ganache au chocolat noir
Suivez la recette de base, en remplaçant le chocolat au lait par la même quantité de chocolat noir.

Ganache au chocolat et à l'orange
Suivez la recette de base, en remplaçant le chocolat au lait par la même quantité de chocolat noir à l'orange. Ajoutez 2 c. à c. de zeste d'orange à la préparation.

Ganache au chocolat et à la menthe
Suivez la recette de base, en remplaçant le chocolat au lait par la même quantité de chocolat noir à la menthe. Ajoutez quelques gouttes d'arôme de menthe à la préparation.

Ganache pralinée au chocolat
Suivez la recette de base, en ajoutant 3 c. à s. de pralin (p. 146), finement concassé, à la préparation.

Variantes

Crème pâtissière au chocolat au lait

Recette de base p. 266

Crème pâtissière au chocolat noir et à la menthe
Suivez la recette de base, en remplaçant le chocolat au lait par du chocolat noir à la menthe et l'arôme de vanille par de l'arôme de menthe poivrée, dans les mêmes quantités.

Crème pâtissière aux agrumes
Suivez la recette de base, en remplaçant l'arôme de vanille par 1 c. à c. de zeste d'orange, 1 c. à c. de zeste de citron et quelques gouttes d'arôme d'orange.

Crème pâtissière pralinée
Suivez la recette de base, en ajoutant 3 c. à s. de pralin, finement concassé, (p. 146) à la préparation.

Crème pâtissière au chocolat et au caramel
Suivez la recette de base, en supprimant l'arôme de vanille et en remplaçant le chocolat au lait par la même quantité de chocolat au caramel.

Chocolat chaud suprême

Recette de base p. 269

Chocolat chaud belge
Suivez la recette de base, en utilisant 45 cl de lait. Remplacez le chocolat au lait par la même quantité de chocolat noir. Supprimez les autres ingrédients.

Chocolat chaud au caramel
Suivez la recette de base, en supprimant les mini-marshmallows et les biscuits au chocolat. Sur chaque boisson, versez en filet 2 c. à c. de coulis de caramel prêt à l'emploi. Saupoudrez de petits morceaux de caramel mou.

Chocolat chaud à la menthe
Suivez la recette de base, en remplaçant le chocolat au lait par la même quantité de chocolat noir à la menthe. Supprimez les mini-marshmallows. Sur chaque boisson, versez en filet 2 c. à c. de coulis de chocolat prêt à l'emploi et décorez de feuilles de menthe fraîche.

Chocolat chaud suprême, sans produits laitiers
Suivez la recette de base, en remplaçant le lait par du lait de soja et le chocolat au lait par du chocolat noir sans produits laitiers (p. 10), dans les mêmes quantités. Supprimez la crème et les biscuits au chocolat.

Variantes

Coulis au chocolat amer

Recette de base p. 270

Coulis au chocolat au lait
Suivez la recette de base, en remplaçant le chocolat noir par la même
quantité de chocolat au lait.

Coulis au chocolat blanc
Suivez la recette de base, en remplaçant le chocolat noir par la même
quantité de chocolat blanc.

Coulis au chocolat à la menthe
Suivez la recette de base, en remplaçant le chocolat noir par la même
quantité de chocolat noir à la menthe.

Coulis au chocolat à l'orange
Suivez la recette de base, en remplaçant le chocolat noir par la même
quantité de chocolat noir à l'orange.

Variantes

Coulis au chocolat blanc et à la menthe

Recette de base p. 273

Coulis allégé au chocolat blanc et à la menthe
Suivez la recette de base, en remplaçant le lait et la crème par du lait écrémé
et de la crème allégée, dans les mêmes quantités.

Coulis au chocolat blanc et à la menthe poivrée
Suivez la recette de base, en remplaçant les feuilles de menthe par des
feuilles de menthe poivrée fraîche.

Coulis au chocolat au lait et à la menthe
Suivez la recette de base, en remplaçant le chocolat blanc par la même
quantité de chocolat au lait.

Coulis au chocolat blanc et à la vanille
Suivez la recette de base, en remplaçant les feuilles de menthe par 1 gousse
de vanille fendue.

Table des recettes